DIVINE PROVIDENCE

하나님의
신비한
섭리를
신뢰하라

HUMAN FREEWILL

내일이 두려운 모든 사람에게

하나님의 신비한 섭리를 신뢰하라

지은이 | 최성은
초판 발행 | 2023. 9. 20.
2쇄 | 2023. 10. 31.
등록번호 | 제1988-000080호
등록된 곳 | 서울특별시 용산구 서빙고로65길 38
발행처 | 사단법인 두란노서원
영업부 | 2078-3352   FAX | 080-749-3705
출판부 | 2078-3331

책값은 뒤표지에 있습니다.
ISBN 978-89-531-4597-9   03230

독자의 의견을 기다립니다.
tpress@duranno.com   www.duranno.com

두란노서원은 바울 사도가 3차 전도여행 때 에베소에서 성령 받은 제자들을 따로 세워 하나님의 말씀으로 양육하던
장소입니다. 사도행전 19장 8-20절의 정신에 따라 첫째 목회자를 돕는 사역과 평신도를 훈련시키는 사역, 둘째 세
계선교(TIM)와 문서선교(단행본·잡지) 사역, 셋째 예수문화 및 경배와 찬양 사역, 그리고 가정·상담 사역 등을 감당하고
있습니다. 1980년 12월 22일에 창립된 두란노서원은 주님 오실 때까지 이 사역들을 계속할 것입니다.

하나님의
신비한 섭리를
신뢰하라

최성은 지음

DIVINE PROVIDENCE

HUMAN FREEWILL

두란노

이 책을 신의 섭리와
인간의 자유의지 가운데 고민하지만
그 고민 속에서 하나님의 사랑을 발견하고
진정한 자유함을 누리기를
소망하는 모든 분에게 헌정합니다.

contents

Part 1.

하나님은 우리 인생에서
어떤 역할을 하시는가?

신앙인의 가장 큰 고민은 나의 뜻과 하나님의 뜻 사이를 분별하는 것입니다. 우리는 선택의 기로마다 갈등을 겪다가 주님처럼 기도하게 됩니다. 내 뜻대로 마옵시고 당신의 뜻대로 하옵소서. 그렇게 결정해 놓고도 우리는 여전히 나의 선택이 과연 그분의 주권에 대한 순종이었는가를 질문하게 됩니다. 그런 우리에게 요셉의 이야기는 갈등을 넘어서게 하는 신비한 개입을 보여 줍니다. 요셉의 삶의 궤적에 함께한 하나님의 섭리… 여기서부터 우리의 걸음이 가벼워집니다. 그분이 알아서 해주실 것을 믿기 때문입니다. 동일한 고뇌를 지닌 이 시대의 주의 백성들에게 이 책을 강추합니다.

　　　　　　　　　　　　이동원 | 지구촌 목회리더십센터 대표

《하나님의 신비한 섭리를 신뢰하라》는 저자의 뜨거운 심장에 흐르는 피로 쓴 책입니다. 저자는 한 영혼을 소중히 여기는 선한 목자입니다. 저자는 하나님의 말씀으로 성도를 거룩하게 세우는 설교자입니다. 저자는 소외된 사람들을 섬기는 착한 일을 통해 주님의 영광을 드러내는 탁월한 리더입니다. 이 책은 요셉의 생애를 통해 하나님의 섭리, 하나님의 은혜, 하나님의 능력 그리고 하나님의 영광을 드러내고 있습니다. 우리를 요셉보다 요셉의 하나님께 이끌어 줍니다.

저자는 하나님을 의지할 때 위험한 꿈이 위대한 꿈으로 변한다고 가르쳐 줍니다. 저자는 진정한 형통은 환경에 있는 것이 아니라 하나님이 함께하심에 있음을 강조합니다. 진정한 형통은 죄를 멀리하는 거룩한 삶에 있으며 주어가 우리 자신이 아니라 하나님으로 변화되는 것임을 강조합니다. 진정한 형통은 세상의 권세와 성공이 아닌 생명을 구원하는 것임을 강조합니다.

이 책을 만민의 생명을 살리는 꿈을 꾸는 분들에게 추천하고 싶습니다. 이 책을 위험한 꿈을 위대한 꿈으로 승화시키기를 원하는 분들에게 추천하고 싶습니다. 이 책을 다음 세대를 세워 다가올 미래를 준비하기를 원하는 분들에게 추천하고 싶습니다.

강준민 | L.A. 새생명비전교회 담임목사

요셉의 생애는 형통한 삶입니다. 형통한 삶은 어떤 길이라 할지라도 최종 목적지와 연결된 길입니다. 인생은 넓은 길과 좁은 길, 편한 길과 거친 길 그리고 지름길과 둘러가는 길이 있습니다. 저자는 요셉을 통해 인생의 다양한 길을 보여 줍니다. 요셉은 한때 희망 없음의 마침표를 찍은 것과 같은 인생이었습니다. 그러나 우리는 그의 생애를 통해 하나님께서 어떻게 하나님의 절대 주권과 하나님이 주신 자유의지 간의 모순으로 생긴 갈등을 은혜로 열어 가시는지 그 신비를 만나게 됩니다. 인생의 구덩이와 감옥 안에서도 꿈을 꾸었던 요셉의 인생을 조명함으로 오늘을 살아가는 데 필요한 지혜를 아침이슬처럼 우리 마음에 스며들게 합니다.

김형준 | 동안교회 담임목사

세상이 말하는 형통과 성경이 주목하는 형통에는 현저한 차이가 있습니다. 세상은 성공과 번영을 가리켜 형통이라고 말하지만, 성경은 하나님과 동행하는 것이 곧 형통이라고 말씀합니다. 우리는 이러한 성경적인 개념을 요셉을 통해 가장 명확하게 볼 수 있습니다. 최성은 목사님의 《하나님의 신비한 섭리를 신뢰하라》를 통해 어떻게 하나님의 형통함을 '기다리며' 살 수 있는지를 배우게 됩니다. 요셉이 그러했듯, 우리 삶에서 마주하는 두려움과 불안, 아픔과 절망 가운데서도 어떻게 하나님과 동행하며 그의 형통함 가운데 거할 수 있는지를 깨닫게 됩니다.

김승욱 | 할렐루야교회 담임목사

고난과 형통, 상반되지만 결코 분리되지 않습니다. 삶은 이 둘 사이에 존재하는 수많은 상황에서 움직입니다. 그러나 이 둘과 연관되는 거룩한 변증법을 깊이 깨닫고 삶으로 이어지게 하는 것이 결코 쉽지 않습니다. 거기에 담긴 하나님의 섭리와 인간의 자유의지가 어떻게 작동하는지를 통찰하는 것이 대단히 어렵습니다. 창세기의 요셉 이야기는 이 주제에 관한 고전이며 여전히 살아 움직이는 메시지입니다. 깊은 묵상과 탁월한 통찰력으로 이 주제를 다룬 이 책을 추천합니다.

지형은 | 성락성결교회 담임목사

인생의 시련을 맞닥뜨리며 요셉은 어릴 적 자신이 꾼 꿈이 하나님이 주신 것이라는 사실을 깨닫게 됩니다. 그래서 숱한 배신과 속임이 따랐지만 믿음으로 이겨 나가며, 마침내 애굽의 바로로부터 높임을 받게 됩니다. 하나님의 때, 하나님의 계획, 하나님의 인도하심을 신뢰하며 기다린 요셉의 믿음이 이 책을 읽는 우리 안에도 자라나기를 소망합니다. 그리하여 요셉을 통해 애굽과 야곱의 가문이 살아난 것처럼, 우리를 통하여 더불어 살게 하시는 형통의 은혜가 이 땅에 가득하기를 기도합니다.

김경진 | 소망교회 담임목사

최성은 목사님은 요셉의 인생을 꿈과 형통 그리고 '나'의 경계를 넘어서는 것으로 설명합니다. 그리고 형통은 만사가 원하는 대로 되는 것이 아니라 하나님이 함께하시는 것이며, 나로 인해 남이 축복을 받는 것이고, 유혹을 이기는 것이라고 설명합니다. 이 책의 유익함은 이렇듯 요셉 이야기의 핵심인 형통을 하나님의 시각으로 이해하는 것입니다. 저는 특히 보디발의 아내가 '날마다' 요셉을 유혹했는데, 이를 이겨 내는 요셉은 이미 형통한 사람이라는 메시지에서 울림을 받았습니다. 요셉의 형통은 유혹을 이길 때에 이미 예견된 것이었습니다. 요셉이 경험한 형통은 결국 하나님의 주권이 드러나는 통로였으며, 섭리를 이루는 방편이었습니다. 한국 교계에 떠오르는 좋은 리더인 최성은 목사님의 '요셉 통찰'은 독자 누구에게나 감동으로 다가올 것입니다.

한규삼 | 충현교회 담임목사

DIVINE PROVIDENCE

HUMAN FREEWILL

프롤로그

저는 1995년 겨울에 미국으로 유학을 갔습니다. 정말 겁 많고, 영어도 서투르고, 해외라고는 한 번도 가 보지 않은 시골티 벗지 못한 27세의 평범한 청년이었습니다. 당시에 6개월가량 어학연수를 간 곳은 중동부 지역의 인디애나주였습니다. 거기서 영어를 집중적으로 공부한 뒤 켄터키에 있는 남침례신학대학원을 가는 것이 목표였습니다. 실은 미국에 가는 것 자체가 꿈이었습니다. 미국에 가면 TV에서만 보던 할리우드 배우들이 있을 것 같고, 좀 더 넓은 세계가 펼쳐질 것 같은, 막연하기만 한 꿈이었습니다.

저는 운동 중에 농구를 제일 좋아합니다. 당시 마이클 조던이 전세계 농구를 호령하던 시카고 불스(Chicago Bulls NBA)와 지역적으로 가깝거니와 라이벌 관계에 있던 인디애나 페이서스(Indiana Pacers NBA)가 있는 인디애나주를 택한 것은 우연이었을까요?

그리고 시간이 흘러 저는 24년의 미국 생활을 마치고 하나님의 부르심으로 다시 한국으로 돌아와서 목회를 하고 있습니다.

그런데 저에게 제2의 고향 같은 그 인디애나주를 정말 오랜만에 다시 방문했습니다. 왜냐하면 아들이 인디애나주에 있는 한 대학에 입학했기 때문입니다. 더구나 농구 선수로 말입니다. 사실 동양인이 미국의 농구 선수로 대학에 합격하는 일은 거의 불가능에 가깝습니다. 설사 수준이 정말 낮은 대학이라도 말입니다. 그만큼 농구는 동양인에겐 문턱이 높은 스포츠입니다. 특히 팬데믹이 시작되고 한국으로 와서 아들은 고등학교 3년 동안 한 시즌밖에 뛸 수 없었습니다.

학교 체육관은 굳게 닫혔고, 2년 동안 농구팀이 운영하지 않자, 아들은 동네 체육관 관장을 설득해 체육관 운영에 피해가 되지 않는 새벽 시간에 운동을 했습니다. 부족한 기술은 유튜브를 보면서 익히고, 슈팅 연습은 수업 후 외진 곳을 찾아 공을 던졌습니다. 아들은 농구선수로서 키도 그다지 크지 않고 프로로 갈 만큼의 재능은 아닐지도 모르겠습니다. 아마 그래서 더 피나는 노력을 했나 봅니다. 감사하게도 하나님은 한 소년의 간절한 기도를 들어 주셨습니다.

시카고 공항에서 내려 무려 4시간 이상을 운전해서 인디애나주 북부 공장 지대를 지나 언덕 하나 보이지 않는 옥수수밭이 끝없이 펼쳐지는 길을 달려 학교로 향했습니다. 이 장시간 운전을 하는 동안 28년 전 저를 미국으로 인도하신 하나님 그리고 같은 주로 아들을 인도하신 하나님의 섭리를 묵상했습니다.

우리는 내일 일을 알 수 없습니다. 미래는 인간에게 신비한 영역입니다. 그것은 신의 영역입니다. 사실 능력으로 따지자면 저희 부자 둘 다 미국 유학 생활은 불가능한 일이었습니다. 저는 미국 생활 동안 많은 실패와 좌절을 경험했습니다. 열정은 있으나 저의 허물과 교만과 다듬어지지 않은 미성숙으로 인해 수시로 쓴잔을 마셔야 했습니다. 그때마다 하나님을 붙들고 울부짖었습니다. 돌아보면 그 모든 것이 하나님의 은혜였으나 당시에는 정말 힘에 겨웠습니다.

하나님의 섭리가 우리를 살린다

'인간의 자유의지'와 '하나님의 섭리'(여기서는 인도하심 정도로 이해하지만, 책에서는 이 어려운 단어에 대하여 깊이 살펴보고 있습니다) 사이에는 참으로 신비한 하나님의 역사가 있습니다. 신앙은 그것을 지식의 차원을 넘어서 가슴의 차원으로 만나는 것입니다. 살아 계신 창조주 하나님을 내 인생의 한복판에서 만나는 것입니다. 특히 고난이라는 깊은 웅덩이에 빠졌을 때 비로소 가슴 저리게 경험하게 됩니다.

인간은 자유의지를 최고의 가치로 여기고 살지만 인생을 다스리시는 초월적인 존재가 있다는 사실을 발견했을 때 비로소 참다운 자유를 누리게 됩니다. 연약한 우리가 꾸는 위험한 꿈을 위대한 꿈으로 인도하시는 하나님의 신비한 섭리를 깨닫고 나면, "진리가 너희를 자유롭게 하리라"(요 8:32)는 말씀이 과연 그렇구나 하고 무릎을 치게 됩니다.

하나님은 인간을 로봇처럼 조정하시지도 않지만, 고아처럼 버려두시지도 않습니다. 우리가 야망을 꿈으로 착각한 위험한 꿈을 꾸더라도 하나님은 위대한 꿈으로 인도하십니다. 이것이 하나님의 신비한 섭리이며, 이것을 이해할 때 우리는 비로소 요셉의 삶을 관통한 '형통'의 의미를 이해하게 되며 하나님의 사랑을 붙들게 됩니다.

"내가 나 된 것은 하나님의 은혜"(고전 15:10)라는 사도 바울의 고백은 요셉의 고백인 동시에 우리 모두의 진솔한 고백이어야 합니다.

누구나 꿈이 있습니다. 크든 작든 누구든지 꿈을 꿉니다. 하지만 모두가 그 꿈대로 인생을 살지는 않습니다. 때로 그 꿈이 인생을 망

치기도 하고 인내를 이루지 못해 포기하기도 하고 때로 타협하기도 합니다. 꿈을 이룬 사람이 참으로 드뭅니다.

그런데 작금의 젊은이들은 어쩐지 꿈조차 꾸지 않는 것 같습니다. 테크놀로지의 신기술을 다루는 데 익숙하고, 가상세계와 현실세계를 자유자재로 오가며, 물질의 축복을 넘치게 받는 시대이지만, 젊은이들은 행복하지 않습니다. 오히려 이전보다 더 상실과 불행을 호소합니다. 그들은 어쩐지 비전을 잃어버린 것 같습니다.

꿈을 꾸지 않기 때문입니다. 우리의 꿈을 다스리고 선하게 인도하시는 하나님의 섭리를 알지 못하기 때문입니다. 욕망으로 점철된 썩어 없어질 위험한 꿈이 아닌 하나님과 동역하는 위대한 꿈을 믿지도 꾸지도 않기 때문입니다.

내가 경영하는 꿈은 나를 인생의 구렁텅이에 빠뜨릴 수 있습니다. 그러나 하나님이 경영하는 꿈은 어떤 상황에서든지 가장 선하고 아름다운 꿈이 됩니다. 하나님의 섭리를 붙드는 꿈만이 성공하는 꿈이 됩니다.

창세기의 마지막 족장 요셉의 이야기는 우리 모두의 이야기입니다. 사랑하는 형제들에게 배신을 당하고, 아버지 야곱으로부터 최고의 사랑을 받던 고향으로 돌아갈 수 없게 되고, 구덩이에 빠져서 목숨을 구걸하고, 노예로 팔려 가 강간범이라는 누명을 쓰고 죄수가 되고… 끝없는 추락의 시간을 보내야 했던 요셉!

그런데 하나님은 이 추락의 시간 13년을 형통의 시간이라고 하십니다. 어째서 그렇습니까? 우리 역시 고난과 상처와 허물 가운데에 있기는 요셉 못지않습니다. 그래서 요셉의 13년이 어째서 형통한 것인지 알기 위해 요셉의 이야기를 다시 꺼내 읽습니다. 요셉의 삶에 나타난 하나님의 섭리가 우리를 살릴 줄 믿기 때문입니다.

부디 이 창세기의 마지막 인물 요셉의 이야기를 통해 다시 한번 신앙을 회복하고, 인생의 거대한 질문에 대한 답을 하나님으로부터 받는 독자 여러분이 되셨으면 좋겠습니다.

우리 인생이 요셉처럼 구덩이에서, 노예 생활에서, 감옥에서 울부짖을 때가 있더라도, 거기서 하나님의 신비한 은혜와 섭리를 체험하고, 비로소 온전히 살아갈 이유를 깨닫는 놀라운 역사가 있기를 기도합니다.

인간의 자유의지로 야망 속에 살다가
하나님의 신비한 섭리를 발견하고
그분을 좇기를 원하는 부족한 그리스도의 종,

최성은 목사

DIVINE PROVIDENCE

하나님은 우리 인생에서
어떤 역할을 하시는가?

HUMAN FREEWILL

1장
내가 꿈꾸는 대로
이뤄지지 않을 때

창세기 37:1-11

그리스도인의 세계관은 하나님을 우주의 창조자요, 주관자 즉 다스리고 주관하고 구원하고 종결까지 하시는 분으로 믿는 것일 뿐 아니라, 하나님을 내 인생의 주인으로 삼는 것입니다.

여기서 한 가지 질문이 생기는데, 하나님의 주권과 인간의 자유의지 간에는 어떤 상관관계가 있는가입니다. 주권자로서 우리 인생을 이끌어 가시는 하나님은 과연 우리 인생에서 어떤 역할을 하시며, 그때 나는 어떤 역할을 하는가입니다.

우리는 신학적인 용어로 '하나님의 섭리'라는 말을 자주 사용합니다. 그런데 과연 우리는 이 말의 뜻을 제대로 알고 있을까요?

미국의 저명한 설교가 찰스 스윈돌(Charles R. Swindoll)은 '섭리'를 전능하신 하나님께서 우리의 미래를 아신다는 의미로 설명합니다. '섭리'는 영어로 'providence'인데 라틴어 'providential'에서 유래한 단어입니다. 접두어 'pro'는 '~의 앞에' 또는 '미리'를 의미하고, 'vidnentia'(providential)는 '보다'를 뜻하는 라틴어 'videre'에서 유래한 것으로 'video'는 여기서 파생된 말입니다. 따라서 'providential'은 '미리 본다'는 의미가 됩니다. 바로 전능하신 하나님의 예지 능력 즉 미래를 다 아신다는 뜻이 하나님의 섭리라는 말 속에 담겨 있습니다(찰스 스윈돌, 《믿음과 기품의 여인 에스더》, 생명의말씀사, 21쪽).

그렇습니다. 하나님은 나를 아십니다. 어느 일부분, 어느 한 사건, 어느 한 정황 가운데 있는 나를 아시는 것이 아니라 나의 전 존재를 아십니다. 에베소서와 시편 말씀처럼 태초 이전부터 나를 택하시고 지으신 그분은 나의 과거와 현재와 미래를 아십니다.

일단 하나님의 섭리에 대한 이성적인 판단은 뒤로하고, 하나님께서 그분의 섭리를 따라 내 존재를 아신다는 사실을 인정하는 것이 중요합니다. 하나님이 나의 미래도 모르고 나의 가능성도 모르며 인류의 미래도 알지 못하는 분이라면 내 삶은, 우리 지구는, 우주는 어떻게 되겠습니까? 미래를 예측하지 못하는 하나님을 우리는 어떻게 신뢰할 수 있단 말입니까? 내가 보기에 실패 같고 소망이 없는 것 같아도 하나님의 구원 계획이라는 거대한 섭리로 보면 반드시 소망이 있습니다. 그래서 성경은 예언의 책입니다. 요한계시

록뿐만 아니라 대선지서, 소선지서 등의 책을 통해 성경은 우리에게 인류의 미래를 알려 주기를 주저하지 않습니다. 성경에는 수많은 예언의 일들로 가득 차 있습니다.

때문에 그리스도인은 하나님의 구원 역사의 시작과 진행과 그 종말을 이미 알고 신앙생활을 하는 사람들입니다. 그리스도인은 내일을 아는 사람들입니다. 일상의 구체적인 것까지는 모르지만 인류의 종말을 알고 있습니다. 그렇다면 하나님의 신비한 섭리 가운데 미래를 알고 있는 그리스도인은 어떻게 살아야 할까요? 이것이 중요합니다.

성경에서 하나님의 주권과 인간의 자유의지 그리고 이 둘 간의 갈등과 균형이 주변 사람들에게 미치는 영향을 가장 잘 보여 주는 것이 요셉의 이야기라고 생각합니다. 특별히 요셉을 통해 하나님의 신비한 섭리를 신뢰하는 인생이 되기를 축복합니다.

편향적인 사랑이 문제다

창세기에 나오는 족장의 이야기를 정리하면 이렇습니다. 아브라함은 이삭을 낳고, 이삭은 야곱을 낳고, 야곱은 열두 아들을 낳았습니다. 야곱의 열두 아들은 이스라엘의 12지파가 되는데 그들의 소생은 이렇습니다. 야곱의 외삼촌 라반의 딸 레아에게서 르우벤과

시므온, 레위, 유다, 잇사갈, 스불론이, 라반의 둘째 딸 라헬에게서 요셉과 베냐민이, 라헬의 여종 빌하에게서 단과 납달리가, 레아의 여종 실바에게서 갓과 아셀이 태어났습니다^(창 35:23-26).

그런데 야곱은 이 열두 아들 중 그가 사랑한 라헬에게서 얻은 요셉을 편애했습니다.

요셉은 노년에 얻은 아들이므로 이스라엘이 여러 아들들보다 그를 더 사랑하므로 그를 위하여 채색옷을 지었더니^(37:3)

야곱은 요셉을 특별히 사랑하여 채색옷을 지어 입혔다고 합니다. 성경학자들에 의하면, 채색옷은 말 그대로 형형색색으로 물들인 옷을 가리키기도 하고, 신분이 높은 사람들이 입는 팔목과 다리까지 내려오는 옷이거나 장신구가 달린 옷을 가리키기도 합니다. 채색옷이 어떤 것이든간에 아버지 야곱이 요셉을 특별하게 대우했다는 것을 알 수 있습니다. 그리고 아버지 야곱의 편애는 형제들 간의 샬롬을 깨뜨리기에 충분했습니다.

야곱의 족보는 이러하니라 요셉이 십칠 세의 소년으로서 그의 형들과 함께 양을 칠 때에 그의 아버지의 아내들 빌하와 실바의 아들들과 더불어 함께 있었더니 그가 그들의 잘못을 아버지에게 말하더라^(37:2)

요셉의 나이가 17세라고 합니다. 당시 17세라면 이미 성년의 나이입니다. 그런데 아버지의 사랑을 독차지한 요셉은 형들의 잘못을 아버지에게 일러바치고 있습니다. 어떤 주석가는 요셉이 형들의 좋은 행동은 보고 안 하고, 나쁜 행동만 골라서 아버지에게 일러바쳤다고 설명합니다.

그렇게 봤을 때 요셉은 결코 건강하게 성장하지 못했습니다. 비뚤어진 사랑을 받고 자란 요셉은 형들을 존중하고, 그들의 허물을 덮어 주기보다 그들의 잘못과 실수와 허물을 들춰내는 사람이었습니다. 이렇듯, 사랑을 못 받아도 문제가 되지만, 사랑을 편향적으로 받아도 문제가 됩니다.

한마디로 요셉은 품성에 문제가 있는 청년으로 자랐습니다. 요셉이 처음부터 의인이어서 하나님께서 함께하셨다는 해석은 잘못된 것입니다. 요셉의 이러한 행동은 당연히 형들의 미움을 샀습니다. 또한 형들은 요셉의 오만방자함을 방치하는 아버지 야곱에 대해 반감을 가질 수밖에 없었을 것입니다. 성경은 당시 상황을 이렇게 증언합니다.

형들은 아버지가 그를 자기들보다 더 사랑하는 것을 보고서 요셉을 미워하며, 그에게 말 한마디도 다정스럽게 하는 법이 없었다(새번역 37:4)

부모의 자녀에 대한 잘못된 사랑은 잘못된 미움으로 돌아온다는 사실을 반드시 기억해야 합니다. 특별히 과잉 경쟁에 시달리는 한국 사회에서 반면교사로 삼아야 하는 부분입니다. 자녀를 향한 지나친 사랑과 지나친 지원(support)은 자기중심적인 사람으로 자라게 해 나중에 인간관계에 문제가 생기게 합니다.

위험한 꿈

이런 요셉이 어느 날 꿈을 꿉니다. 내용인즉, 요셉과 형제들이 다 같이 밭에서 곡식 단을 묶고 있는데, 요셉의 단만 똑바로 서 있고 형들의 곡식 단이 요셉의 곡식 단을 향해 절을 하는 꿈이었습니다. 요셉은 형들이 자기를 미워하는 줄 모르는지 이 꿈을 자랑스럽게 이야기합니다.

요셉이 그들에게 이르되 청하건대 내가 꾼 꿈을 들으시오 우리가 밭에서 곡식 단을 묶더니 내 단은 일어서고 당신들의 단은 내 단을 둘러서서 절하더이다(37:6-7)

지금 요셉의 나이는 17세입니다. 철없는 나이가 아닙니다. 형들이 충분히 오해할 만한 꿈 이야기를 요셉은 자랑스럽게 하고 있습니다. 형들은 요셉의 꿈 이야기가 아니꼽습니다.

> 그의 형들이 그에게 이르되 네가 참으로 우리의 왕이 되겠느
> 냐 참으로 우리를 다스리게 되겠느냐 하고 그의 꿈과 그의 말
> 로 말미암아 그를 더욱 미워하더니(37:8)

요셉의 꿈 이야기는 형제간의 샬롬을 깨뜨리고 있습니다. 요셉
은 눈치 없이 한술 더 떠 또 다른 꿈 이야기를 합니다.

> 요셉이 다시 꿈을 꾸고 그의 형들에게 말하여 이르되 내가 또
> 꿈을 꾼즉 해와 달과 열한 별이 내게 절하더이다 하니라(37:9)

이번에 요셉이 꾼 꿈은 더욱 적나라합니다. 해몽이 필요 없을 정
도로 너무나 의미가 분명한 꿈입니다. 당시 우주의 중심은 해와 달
이었습니다. 거기에 열한 별까지 요셉에게 절을 하고 있습니다. 안
그래도 미워 죽겠는 요셉이 해와 달과 별에게 절을 받았다니 형들
은 더욱 화가 치밉니다.

우리 같으면 설사 이런 꿈을 꾸었더라도 떠벌리며 이야기하지 못
할 것입니다. 더구나 형들이 자신을 미워하고 있으며 지난번 꿈 때
문에 화가 나 있습니다. 하지만 요셉은 형들이 느낄 분노와 증오심
따위는 안중에도 없습니다. 이렇게 볼 때 요셉은 내 말과 내 행동으

로 인해 남들이 느낄 감정에는 관심이 없는 매우 자기중심적인 사람이었습니다. 좋게 말하면 자존감이 높은 것이고 나쁘게 말하면 배려가 없는 이기적인 사람입니다. 그런데 이번에는 아버지 야곱도 가만있지 않습니다.

> 그가 그의 꿈을 아버지와 형들에게 말하매 아버지가 그를 꾸짖고 그에게 이르되 네가 꾼 꿈이 무엇이냐 나와 네 어머니와 네 형들이 참으로 가서 땅에 엎드려 네게 절하겠느냐(37:10)

야곱도 꿈의 의미가 분명하므로 요셉을 꾸짖습니다. 해와 달은 요셉의 부모이고 열한 별은 형제들을 가리키는 줄 아는 것입니다. 형제들은 물론이고 부모에게까지 절을 받는다니, 아무리 꿈이라지만 요셉이 오만방자하기 짝이 없습니다. 물론 이것은 현실에서 이뤄진 것이 아닌 꿈일 뿐입니다. 그럼에도 요셉의 꿈으로 인해 형제들은 물론이고 아버지 야곱까지 화를 내고 있습니다. 그런데 왜 화를 낼까요? 요셉은 아버지 야곱이 편애하는 아들이었습니다. 더구나 요셉은 형들의 잘못을 아버지에게 일러바치는 품행에 문제가 있는 사람이었습니다. 안 그래도 미움을 받던 요셉이었기에 화를 내고 있는 것입니다.

> 그의 형들은 시기하되 그의 아버지는 그 말을 간직해 두었

더라^(37:11)

요셉의 형들은 시기와 질투로 인해서 요셉의 꿈에 대해 이성적으로 생각하지 못했습니다. 반면에 아버지 야곱은 상황 파악도 못하고 꿈을 자랑스럽게 떠벌리는 요셉을 꾸짖긴 했으나 그 꿈을 의미심장하게 여겼습니다. 구체적으로 어떤 미래가 펼쳐질지 알 수 없으나 의미심장한 꿈이라는 걸 알았습니다.

요셉의 꿈 이야기는 창세기 마지막 장에 이르기까지 중요한 모티브가 됩니다.

꿈은 꾸는 것일까, 꾸어지는 것일까?

사람이 흔히 꿈을 꾼다 할 때는 크게 두 가지 의미가 있습니다. 첫째는 잠을 자는 중에 꾸는 꿈이고, 둘째는 현실 속에서 의지적으로 계획하는 꿈입니다. 즉 개인의 비전이나 인생의 계획이라고 할 수 있습니다. 그런데 우리가 기억해야 할 것은 이 두 가지가 서로 무관할 수도 있지만, 무의식과 의식이 서로 관계되어 작용할 수 있다는 사실입니다.

잠을 자는 무의식 중에 꾸는 꿈은 대략 4가지 종류가 있습니다.

1 현실 세계와는 전혀 상관없는 꿈^(개꿈)

2 그날의 심리를 반영하는 꿈^(악몽)

3 현실 세계에서 이루고 싶지만 하지 못하는 일들에 대한 강한 반작용으로 나타나는 꿈

4 현실 세계와 관련된 강한 소망으로 나타나는 꿈

요셉의 경우는 네 번째에 가깝습니다. 그의 꿈은 현실과 관련이 있으며, 차별된 사랑을 받음으로 인해 형성된 자기중심적인 사고가 무의식적인 꿈에서도 강하게 나타난 것입니다. 그 배경에는 아버지 야곱이 있고, 요셉은 형들을 두려워하지도 그들의 입장을 고려하지도 않았습니다. 이런 환경에서 요셉은 꿈을 꾼 것입니다.

자, 여기까지는 인간의 분석에 해당합니다.

무의식 가운데 꾸는 꿈이든, 의식적으로 자신의 소망을 담은 꿈이든, 이 둘 사이에는 신비하게 작용하는 어떤 힘이 있다는 것을 잊지 말아야 합니다. 성경에는 종종 꿈과 환상이 등장합니다. 우리도 너무나 선명한 꿈을 꾸고 나면 감히 무시할 수 없을 때가 있습니다. 구약이나 신약을 보면 하나님은 꿈이나 환상을 통해 하나님의 사람들에게 종종 계시를 하십니다.

환상은 잠을 잘 때 꾸는 꿈과는 별개로 비몽사몽간에 하나님께서 보여 주시는 계시의 한 가지 방법이었습니다. 에스겔도 그런 환상을 많이 봤고, 신약성경에서 베드로도 환상 가운데 하나님의 계

시를 받았습니다. 그런데 문제는 그런 꿈과 환상이 하나님께로부터 온 것인지, 아니면 나의 심리상태나 환경에서 온 것인지, 혹은 다른 악한 영에게서 온 것인지를 어떻게 분별하느냐라는 것입니다.

성경적인 답을 드리자면, 이 점에 대해 자유하라는 것입니다. 만약 내 소망에 의한 꿈이라면, 그것은 내 노력에 따라 이룰 수도 있고, 이루어지지 않을 수도 있습니다. 만약 어둠의 영으로부터 온 꿈이라면, 하나님께 분별해 달라고 기도하면 가르쳐 주실 것입니다. 하나님은 그분의 자녀들에게 분명하게 말씀하십니다. 목자는 양에게 음성을 들려줍니다. 목자의 음성을 듣고 듣지 않고는 양의 문제일 뿐입니다. 사랑의 하나님은 자녀가 분별을 위해 기도할 때 분명하게 말씀해 주십니다.

어둠의 영이 주는 꿈은 대부분 부정적이고 파괴적이어서 우리를 두렵게 합니다. 하나님은 두려운 마음을 주시지 않습니다. 또한 어둠의 영이 주는 꿈은 이루어지지 않을 것입니다.

한편, 하나님께로부터 온 꿈이라면, 어떠한 경우에라도 하나님께서 반드시 이루실 것입니다. 한 사람의 인생을 이끌어 가시는 분은 하나님이기 때문이다. 다만 하나님은 그 꿈을 이루시기 위해 그 인생의 그릇을 만들어 가실 것입니다. 꿈이든, 받은 약속이든 마찬가지입니다.

아브라함이 처음 하나님께 받은 것은 꿈이 아니라 약속이었습니다. 하나님은 모든 민족의 아버지가 되리라는 그 약속을 이루기 위해 아브라함의 인생을 이끌어 가셨습니다.

야곱의 경우는 의식적으로 장자의 축복을 탈취하려는 꿈을 꾸었습니다. 야곱의 꿈은 비전이요, 야망이었습니다. 이를 이루기 위해 야곱은 아버지 이삭을 속이고 형 에서를 속였습니다. 그리고 그 대가를 치렀습니다. 야곱이 치른 대가는 이스라엘의 영적 장자로서 그 그릇을 키우는 인생 훈련 중 하나였습니다. 하나님은 그런 야곱을 광야에서 만나 주시고 그에게 꿈을 주십니다. 바로 쫓겨난 고향으로 다시 돌아오게 하시겠다는 약속이었습니다(창 28장). 야곱은 자신의 야망 때문에 평생을 고난과 고통 속에서 살았지만 하나님께서 주신 꿈 때문에 다시 고향으로 돌아올 수 있었습니다.

아브라함의 4대손인 요셉의 꿈은 아버지 야곱의 꿈보다 더 위험한 꿈이었습니다. 이 꿈으로 인해 형들은 요셉을 죽일 생각까지 하게 되기 때문입니다.

어떻게 보면 자업자득입니다. 한동안 괜찮아 보이던 야곱 가문에 닥친 위기입니다. 샬롬이 무너지고 있습니다. 하지만 사실 요셉의 잘못이기 전에 야곱의 편애로부터 출발된 일입니다. 야곱이 요셉을 그렇게 지나치게 편애하지만 않았더라면 비록 요셉이 철없이 꿈 얘기를 해도 형들은 웃어넘겼을지도 모릅니다.

꿈꾸는 자에겐 대가가 따른다

하나님은 아브라함과 이삭과 야곱의 가문을 지켜보십니다. 지금 야곱의 가문이 그들의 죄와 허물로 인해 곪아 가고 있습니다. 요셉은 무의식 중에 현실이 반영된 치기 어린 꿈을 꾸었지만, 하나님은 무너져 가는 야곱 가문을 살리는 데 요셉의 꿈을 사용하실 것입니다. 우리 눈에는 야망에 불과하고 실패이며 위기일지라도, 크신 하나님은 더 큰 꿈을 품고 야곱 가문을 고쳐 사용하기 위해 요셉의 꿈을 이용하십니다. 이것이 바로 하나님의 신비한 섭리입니다. 하나님은 야곱 가문의 미래를 알고 계십니다. 그래서 그들의 허물에도 불구하고 하나님의 꿈을 이뤄 가십니다.

모든 사람이 꿈을 꾸지만 그로 인한 대가를 치를 각오는 하지 않습니다. 내 꿈으로 인해 갈등이 생길 수 있습니다. 그러므로 꿈을 꾸는 사람은 그 대가를 치를 준비를 해야 합니다. 그래서 저는 꿈을 꾸는 사람들에게 다음의 당부를 하고 싶습니다.

1 나의 꿈과 비전은 하나님께 영광이 되는가?
2 나의 꿈과 비전은 다른 사람들에게 유익이 되는가?
3 나의 꿈과 비전은 나를 기쁘게 하는가?

요셉의 꿈은 당대에 이해할 수 있는 꿈이 아닙니다. 그의 꿈은 매우 위험합니다. 그로 인해 야곱 가문의 살림이 무너지고 있기 때문입니다. 요셉은 그 꿈에 대한 대가를 치를 것입니다. 그러나 그 위험한 꿈은 사람을 살리는 위대한 꿈으로 변화될 것입니다. 여기서 우리는 한 가지 교훈을 얻습니다.

인생이 내가 꾼 꿈대로 다 되는 것도 아니고, 다른 사람이 나를 파괴하려 한다고 해서 내가 다 망가지는 것도 아니라는 것입니다.

그리스도인들은 이 점을 믿어야 합니다. 하나님 안에 있는 우리는 인생이 뜻대로 되지 않을 때 남 탓을 하지 않습니다. 대신에 더욱 독립적이고 주체적인 신앙으로 꿈꾸는 자로서 그 대가를 당당히 치릅니다. 내가 꿈꾸는 대로 이뤄지지 않더라도, 누군가 나를 망가뜨리려 한다 해도, 나보다 크신 하나님이 나를 이끌어 가시므로 절대 소망을 잃지 않습니다.

하나님은 인간에게 자유의지를 허락하셨습니다. 우리는 이 자유의지로 인해 기쁨도 누리지만 그에 따르는 책임도 지게 됩니다. 책임에는 고통이 따르게 마련입니다. 잠언의 충고에 귀 기울여야 하는 이유가 여기에 있습니다.

마음의 경영은 사람에게 있어도 말의 응답은 여호와께로부터 나오느니라(잠 16:1)

너의 행사를 여호와께 맡기라 그리하면 네가 경영하는 것이

이루어지리라(잠 16:3)

사람이 마음으로 자기의 길을 계획할지라도 그의 걸음을 인
도하시는 이는 여호와시니라(잠 16:9)

"마음의 경영" "너의 행사" "사람이 마음으로 자기의 길을 계획
할지라도"는 모두 인간의 자유의지를 나타냅니다. 그리고 나머지
구절은 하나님의 주권과 섭리를 나타냅니다. 한계가 분명한 인간
은 하나님의 신비한 섭리에 의지해야 합니다. 하나님의 섭리를 믿
는 것이 그리스도인입니다. 따라서 우리는 로마서의 말씀을 믿습
니다.

우리가 알거니와 하나님을 사랑하는 자 곧 그의 뜻대로 부르
심을 입은 자들에게는 모든 것이 합력하여 선을 이루느니라
(롬 8:28)

이 말씀이 이번 장의 결론이자, 하나님께서 야곱 가문을 이끌어
가시며 요셉의 인생을 사용하신 이유입니다. 우리의 삶 가운데 실
패든 허물이든 성공이든 슬픔이든 기쁨이든 어떠한 희로애락이든
모든 것이 합력해서 선을 이룬다는 말씀은 우리 그리스도인들에게
엄청난 위로가 됩니다. 힘과 소망을 줍니다.

그런데 한 가지 조건이 있습니다. 하나님을 사랑하는 자들이어야 하고 그의 뜻대로 부르심을 받는 자여야 합니다.

하나님을 사랑하십니까? 하나님이 부르실 때 언제나 아멘으로 순종하십니까?

사랑하면 순종합니다. 순종하면 하나님께서 우리 인생의 실패와 허물까지도 협력하여 선을 이루게 하십니다. 이것이 하나님의 신비한 섭리입니다.

묵상을 위한 기도

살아 계신 하나님, 우리는 내 삶을 내가 주도할 수 있다고 생각하지만 결국 내가 주도한 만큼의 무질서와 혼돈 가운데 살아가게 되는 우리의 연약함을 주님께 고백합니다. 어제보다 오늘이 더 나은 행보가 되었는지 판단할 수 없는 시간들이 무작정 흘러갑니다. 욕심이 앞서 잘못된 선택을 할 때가 있는가 하면, 기도 중에 답해 주신 주님의 음성을 따라 선한 선택을 할 때도 있습니다. 말로는 하나님의 동역을 위한 꿈이라고 하지만 사실은 자기 욕심에 불과한 꿈을 꾸기도 합니다.

요셉도 채색옷을 입고 자기 욕심에 따라 꿈을 꾸었으나 하나님께서 그를 형통한 자라 부르셨습니다. 요셉도 형들의 잘못을 아버지께 일러바치는 미성숙한 사람이었으나 하나님께서 함께하셨음을 봅니다. 그러므로 하나님께서 이 혼란의 시간 중에 있는 우리와 함께하심을 믿습니다. 우리도 하나님께 형통한 자로 불릴 수 있음을 믿습니다. 하나님의 섭리로 이 혼돈의 시간이 허락되었음을 믿습니다.

어떤 상황, 어떤 환경에 있든지 다만 하나님을 붙들므로 형통한 자로 살게 하옵소서. 하나님의 주권을 인정하므로 하나님의 섭리 가운데 형통한 인생을 살게 하옵소서. 우리의 무지로 욕심에 따라 위험한 꿈을 꾸었던 우리가 이제 주님 안에서 위대한 꿈으로 변화되는 삶이 되도록 인도하여 주옵소서.

예수님의 이름으로 감사하며 기도드립니다. 아멘.

2장
구덩이는 하나님의 섭리를 경험할 기회다

창세기 37:12-36

창세기는 선택받은 자들을 이끌어 가시는 하나님의 신비한 섭리가 어떤 것인지를 보여 줍니다. 인간의 허물과 죄로 인한 불순종 그리고 하나님의 약속의 성취 사이에는 대가 지불, 훈련, 성장이라는 필수 불가결한 요소들이 있습니다. 요셉의 이야기는 마찬가지로 하나님의 섭리 가운데 있는 우리에게 커다란 격려가 되며 소망을 줍니다.

불길한 땅, 세겜

요셉의 꿈은 잠을 자는 무의식 중에 꾼 꿈이었습니다. 이 꿈을 꿀 당시 요셉은 아버지 야곱의 편애로 인해 남을 배려하지 못하는 이기적이고 자기중심적인 성품의 사람이었습니다. 그랬기에 요셉은 자신이 꾼 위험천만한 꿈을 다른 형제들에게 떠벌리듯이 말했습니다. 형들을 상징하는 열한 볏단이 요셉에게 절을 하는 꿈을 꾸더니 이제는 그의 부모를 상징하는 해와 달까지 자신에게 절을 하는 꿈을 꾸었습니다. 요셉의 꿈은 선을 넘었고 그 때문에 형들의 분노는 극에 달했습니다.

그러던 어느 날, 형들이 요셉에게 화풀이할 기회가 왔습니다. 요셉을 제외한 야곱의 아들들이 양 떼를 몰고 가서 세겜 지역에 머물고 있을 때, 요셉이 아버지 야곱의 심부름으로 세겜 지역까지 온 것입니다.

세겜은 과거에 하몰의 아들 세겜이 야곱의 딸을 납치해서 겁탈하고, 그 때문에 야곱의 아들들이 그 지역에서 살육을 서슴지 않던 위험한 지역입니다. 야곱은 그런 사연이 있는 세겜에 간 아들들이 걱정되어 요셉에게 별일 없는지 알아보고 오라고 명한 것입니다. 어쩐지 불길한 복선이 깔리는 상황입니다.

야곱 가(家)가 있던 헤브론에서 세겜까지는 북쪽으로 무려 80km나 떨어져 있습니다. 꽤 먼 거리입니다. 그런데 요셉이 세겜에 도착했을 때는 형들이 도단 지역으로 떠난 뒤였습니다. 요셉은 다시 형들을 찾으러 20km를 더 가야 했습니다. 집에서 점점 더 멀어지고 있습니다.

집에서는 요셉을 어떻게 할 수 없지만, 이렇게 멀리 떨어진 지역이라면 형들이 얼마든지 요셉에게 분풀이할 수 있었습니다. 그런데도 야곱은 이 먼거리를 요셉 홀로 보냈습니다. 자신의 편애로 인해 형들이 요셉을 얼마나 미워하는지 전혀 알지 못하는 모습입니다. 야곱만큼이나 요셉도 자신의 행동이 형들을 얼마나 분노하게 했는지 모르는 눈치입니다. 더구나 요셉이 꾼 꿈으로 인해 형들의 분노가 더 커진 상태입니다. 상처는 받은 사람은 크지만 준 사람은 별것 아닌 모양입니다. 그렇기에 계속해서 상처를 입히고 입는 것입니다.

순수한 건지 순진한 건지 모르지만 요셉은 굳이 20km를 더 가서 마침내 형들이 있는 도단에 이르게 됩니다.

형들은 멀리서 요셉을 알아봅니다. 그리고 마침내 복수할 기회라고 여겨 요셉을 죽이기로 모의하게 됩니다. 단순히 분풀이가 아닌 죽이기로 한 것입니다. 형들의 분노는 그만큼 컸습니다.

아담과 하와의 타락 후 계속해서 형제 간의 살인이 일어납니다. 창세기 4장에서 가인이 아벨을 죽이고, 창세기 27장에서 에서가 야곱을 죽이고자 하고, 창세기 37장에서 형들이 요셉을 죽이기로 모의합니다. 이처럼 죄는 끊지 않으면 계속해서 전염됩니다.

형제들은 요셉을 알아보고 입을 모아 소리칩니다.

꿈꾸는 자가 오는도다[37:19]

100km 가까운 거리를 여행하는 동안 요셉은 아버지 야곱이 지어준 채색옷을 입고 있었습니다[창 37:23]. 아뿔사! 채색옷은 일할 때 입는 옷이 아닙니다. 요셉이 입은 옷은 아버지를 대신해 형들을 감시하러 온 것임을 알려주고 있습니다. 형들의 분노는 극에 달합니다.

자, 그를 죽여 한 구덩이에 던지고 우리가 말하기를 악한 짐승이 그를 잡아먹었다 하자 그의 꿈이 어떻게 되는지를 우리가 볼 것이니라 하는지라[37:20]

이 구절에서 형들을 가장 자극한 것은 요셉의 꿈 자랑이었음을 알 수 있습니다. 채색옷을 입은 꿈꾸는 자를 구덩이에 집어넣어 사막 한가운데서 영락없는 짐승의 밥이 되게 했는데도 그의 꿈이 이루어지는지 보자고 조롱하고 있습니다.

요셉은 분명 형들에게 모욕감과 치욕감을 안겨 주었습니다. 이는 하루 이틀이 아니고 아주 오랜 시간 동안 쌓인 것이었습니다. 더군다나 채색옷을 입고 이렇게 먼 거리까지 자신들을 감시하러 왔으니, 형들은 참을 수 없는 분노를 느꼈습니다. 물론 그렇다고 해서 형제 살인이 정당화되는 것은 결코 아닙니다.

절대 선도 절대 악도 아닌 연약한 인간

이때 르우벤이 나섭니다.

르우벤이 듣고 요셉을 그들의 손에서 구원하려 하여 이르되 우리가 그의 생명은 해치지 말자 르우벤이 또 그들에게 이르되 피를 흘리지 말라 그를 광야 그 구덩이에 던지고 손을 그에게 대지 말라 하니 이는 그가 요셉을 그들의 손에서 구출하여 그의 아버지에게로 돌려보내려 함이었더라^(37:21-22)

레아 소생의 르우벤도 다른 형제들과 마찬가지로 요셉을 좋아하지 않았습니다. 다만 장남으로서 이 모든 상황에 대한 책임이 자신에게 있음을 알았습니다. 그래서 요셉을 살리려고 노력합니다. 하나님의 구원의 손길이 르우벤을 통해 뻗고 있습니다.

형제들은 일단 장자인 르우벤의 말을 듣고 요셉을 죽이지 않는 대신 아버지의 사랑을 상징하는 채색옷을 벗기고 요셉을 구덩이에 집어넣습니다.

본문에는 묘사되지 않지만 요셉은 형들에게 간절히 살려 달라고 울부짖었을 것입니다. 하지만 형들은 요셉의 울부짖음을 즐길 뿐이 와중에도 음식을 먹습니다(비교 창 43:32-34). 이렇듯 인간은 극한의 잔인함을 갖고 있습니다.

이때 길르앗에서 애굽으로 가는 이스마엘 상인들이 그들 앞을 지났습니다. 유다가 불현듯 이렇게 제안합니다.

유다가 자기 형제에게 이르되 우리가 우리 동생을 죽이고 그의 피를 덮어둔들 무엇이 유익할까 자 그를 이스마엘 사람들에게 팔고 그에게 우리 손을 대지 말자 그는 우리의 동생이요 우리의 혈육이니라 하매 그의 형제들이 청종하였더라(37:26-27)

유다는 레아의 네 번째 아들로, 라헬 소생의 요셉을 좋아했을 리 없습니다. 그럼에도 손에 피를 묻히지 말고 노예 상인들에게 팔아 버리자고 말합니다. 이제 하나님의 구원의 손길이 유다를 통해 다시 뻗고 있습니다. 형제들이 유다의 말을 듣고 은 이십에 요셉을 노예 상인들에게 팔아 버립니다.

그때에 미디안 사람 상인들이 지나가고 있는지라 형들이 요셉을 구덩이에서 끌어올리고 은 이십에 그를 이스마엘 사람들에게 팔매 그 상인들이 요셉을 데리고 애굽으로 갔더라 (37:28)

요셉의 몸값이 구체적으로 기록되어 있는 것이 의미심장합니다. 형제를 타국의 노예로 팔아넘긴 행위는 어떤 것으로도 용서받기 힘듭니다. 그럼에도 죽을지도 모르는 상황에서 요셉은 겨우 목숨을 부지할 수 있었습니다. 노예가 되어 애굽으로 향하게 된 것입니다. 이때 장자 르우벤이 돌아옵니다. 유다가 상인들에게 요셉을 팔아버리자 했을 때 르우벤은 그 자리에 없었던 모양입니다.

르우벤이 돌아와 구덩이에 이르러 본즉 거기 요셉이 없는지라 옷을 찢고 아우들에게로 되돌아와서 이르되 아이가 없도다 나는 어디로 갈까(37:29-30)

자신이 잠깐 자리를 비운 사이에 요셉이 노예로 팔려 갔습니다. 르우벤은 통곡을 합니다. 요셉을 사랑해서가 아니라 장자로서 책임감 때문이었을 것입니다. 과거에 르우벤은 아버지의 첩인 빌하와 동침함으로써 야곱의 침상을 더럽힌 죄를 지었습니다. 천륜을 범한 패륜을 저지른 것입니다. 그런 르우벤이 요셉을 살려 아버지에게 데려가고자 합니다. 우리는 여기서 인간에게는 악과 선이 공존함을 알 수 있습니다.

르우벤 : 부정적인 인물 → 긍정적인 인물
유다 : 긍정적인 인물 → 부정적인 인물(3장 참조)

그런데 르우벤이 요셉을 살려 집으로 데려가고자 했어도 다른 형제들이 동의하지 않는다면 그 계획은 실패했을 것입니다. 그런 점에서 유다는 요셉을 살린 2등 공신이라 할 수 있습니다.

요셉을 팔아넘기는 과정에서 우리는 선과 악이 공존하는 야곱의 아들들의 모습을 보게 됩니다. 그래서 저는 더더욱 하나님이 놀랍습니다. 어떻게 이런 인물들을 믿음의 가문으로, 이스라엘의 12지파로 삼으신단 말입니까?

속고 속이는 속임수의 역사

요셉의 형제들은 자신들의 범죄를 덮기 위해 또 다른 범죄를 꾸밉니다. 거짓은 계속해서 거짓을 낳습니다. 숫염소를 죽여 그 피를 요셉의 채색옷에 묻혀 요셉이 짐승에게 죽임을 당한 것으로 꾸밉니다.

그의 채색옷을 보내어 그의 아버지에게로 가지고 가서 이르기를 우리가 이것을 발견하였으니 아버지 아들의 옷인가 보소서 하매(37:32)

야곱은 요셉의 채색옷을 보고 대성통곡합니다. 그리고 자기 옷을 찢고 허리에 굵은 삼베를 두르고 오랫동안 아들의 죽음을 슬퍼합니다.

> 아버지가 그것을 알아보고 이르되 내 아들의 옷이라 악한 짐승이 그를 잡아 먹었도다 요셉이 분명히 찢겼도다 하고 자기 옷을 찢고 굵은 베로 허리를 묶고 오래도록 그의 아들을 위하여 애통하니(37:33-34)

형제들이 아버지를 위로했으나 야곱은 '내가 슬퍼하다가 저세상에 있는 내 아들에게 가겠다'(창 37:35)면서 통곡할 뿐이었습니다.

우리는 이 사건을 보면서 한 가지 단어를 떠올리게 됩니다. '인과응보'. 야곱은 아버지 이삭을 속였고, 외삼촌 라반은 그런 야곱을 속였고, 야곱의 아들들은 아버지 야곱을 속였습니다. 속고 속는 가문의 역사가 계속되고 있습니다.

야곱은 요셉이 죽은 줄 알고 울고 있지만 사실 요셉은 죽지 않았습니다. 나중에 야곱이 아들들에게 속은 것을 알았을 때, 자신이 과거 아버지 이삭과 형 에서를 속인 사건을 떠올리지 않았을까 합니다. 자신에게 속임을 당한 아버지와 형의 심정을 백분 이해했을 것입니다.

우리 인생도 마찬가지입니다. 나의 만족과 유익을 위해 속고 속이고, 증오하고 미움을 당하고… 그 결국은 참담함입니다. 하나님의 사람은 이 모든 것이 사탄의 속임수임을 알아야 합니다.

요셉이 빠진 구덩이가 곧 구원의 구덩이다

오래전 형 에서를 속이고 고향을 등진 지 20년 만에 하나님의 약속을 의지해서 다시 고향으로 돌아오는 야곱의 마음은 두려움 그 자체였습니다. 그에게 복수하려는 형 에서가 시퍼렇게 살아서 기다리고 있었기 때문입니다. 이때 야곱은 가족을 먼저 보내고 얍복강가에서 하나님과 독대하여 밤새도록 기도합니다. 그런 야곱에게 하나님은 '이스라엘'이라는 이름을 주십니다. '사람이 하나님과 겨루어 이기었다'는 뜻입니다. 그런데 이스라엘에는 '하나님이 다스리신다'는 의미도 있습니다. 이스라엘은 서로 상반되는 의미를 갖고 있습니다.

하나님은 아버지 이삭과 형 에서를 속인 야곱을 이스라엘로 빚어 가십니다. 그리고 그 여정은 아직 끝나지 않았습니다. 야곱의 아들들이 이스라엘의 12지파가 될 때까지 오래 참으시고 계십니다. 야곱을 포함해 아들들 누구도 훈련이 다하기까지 죽지 않을 것입니다. 하나님은 인내하면서 그들의 인생을 만들어 가실 것입니다. 이는 아브라함과 약속하신 일입니다.

동시에 야곱의 열두 아들을 이스라엘 민족의 12지파로 만들기 위해 택하신 인물은 다름 아닌 요셉이었습니다. 지금은 유다가, 르우벤이 요셉을 구하는 것 같지만, 실은 요셉이 그 가문을 구할 것입니다.

이렇게 봤을 때 하나님이 택하신 인물들이 참 보잘것없습니다. 아브라함은 비겁한 자였고, 이삭은 겁쟁이였으며, 야곱은 사기꾼이었고, 요셉은 이기적인 사람이었습니다. 하나같이 온전하지 않습니다.

하나님은 이제 이스라엘의 12지파를 세우기 위해 야곱의 마지막 부족함을 드러내시고 연약한 요셉을 택하십니다. 요셉은 남을 배려하지 못하는 미성숙한 성품으로 인해 형들에게 미움을 받았고 마침내 살해의 위협까지 받았습니다. 그 배경에는 아버지 야곱의 편애가 있습니다. 하지만 요셉을 택하신 하나님은 위기의 순간마다 요셉을 구하기 위한 손길을 내미십니다. 이제 자기중심적이던 요셉의 생명은 하나님의 손에 맡겨졌습니다.

그 구원의 역사에 패륜을 저지른 르우벤 같은 인물도 사용되고, 앞으로 패륜을 저지를 유다도 사용됩니다. 그리고 결국에는 요셉의 꿈대로 요셉이 형제들을 살리게 될 것입니다. 그것이 야곱 가문을 위한 하나님의 신비한 섭리입니다.

요셉이 빠진 구덩이는 그의 생명을 구원한 구덩이였습니다. 남의 아픔과 고통에 전혀 공감하지 못하는 요셉의 인생에 그 구덩이가 없었다면 어땠을까요? 탐욕스럽게 자기밖에 모르는 괴물이 되었을지도 모릅니다. 그래서 요셉이 빠진 구덩이는 요셉을 구한 생명의 구덩이입니다.

오늘 여러분이 빠져 있는 구덩이는 무엇입니까? 그 구덩이가 바로 하나님의 구원의 손길을 경험할 수 있는 생명의 구덩이임을 잊지 마십시오. 하나님의 구원의 손길이 이미 여러분을 향해 뻗어 있습니다. 고통스럽겠지만 그 손길을 붙드십시오. 그 손길이 르우벤이든 유다든 이스마엘 상인이든 따지지 말고 붙드십시오. 하나님께서 그분의 섭리 가운데 구원하실 것입니다.

요셉이 구덩이에서 살려 달라고 울부짖었을 때 그 대상은 형들이 아니라 하나님이었습니다. 하나님은 그 소리를 들으십니다. 반드시 우리를 구하러 손을 내미십니다. 구덩이에 빠졌는데도 아직 부르짖지 않고 있습니까? 그렇다면 내게 구원의 능력이 있다고 믿는 것입니다. 아직 살 만한 것입니다.

내가 여호와를 기다리고 기다렸더니 귀를 기울이사 나의 부르짖음을 들으셨도다 나를 기가 막힐 웅덩이와 수렁에서 끌어올리시고 내 발을 반석 위에 두사 내 걸음을 견고하게 하셨도다 새 노래 곧 우리 하나님께 올릴 찬송을 내 입에 두셨으니 많은 사람이 보고 두려워하여 여호와를 의지하리로다 여호와를 의지하고 교만한 자와 거짓에 치우치는 자를 돌아보지 아니하는 자는 복이 있도다 여호와 나의 하나님이여 주께

서 행하신 기적이 많고 우리를 향하신 주의 생각도 많아 누구
도 주와 견줄 수가 없나이다 내가 널리 알려 말하고자 하나 너
무 많아 그 수를 셀 수도 없나이다(시 40:1-5)

내 잘못 때문에 내 허물 때문에 구덩이에 빠질 수 있지만 그 구덩
이에서 건져내시는 이는 하나님입니다. 그 과정과 결과도 하나님이
책임지십니다. 하나님이 책임지시는 한 요셉처럼 우리 인생은 형통
합니다. 그래서 우리는 새 노래로 찬양할 수 있습니다. 시편의 저 노
래가 우리 인생의 노래가 되기를 축원합니다.

묵상을 위한 기도

살아 계신 하나님, 지금 제가 빠진 구덩이는 누구로 인한 것입니까? 저의 허물과 죄로 인한 구덩이라면 이 순간 죄를 돌이켜 하나님의 구원을 바라보기를 바랍니다. 누군가 저를 시기하고 질투해서 빠뜨린 구덩이라면, 나의 결백을 아시는 하나님이 제 생명을 책임지실 줄 믿으므로 인내로 견디게 하옵소서. 누구도 의도하지 않았으나 하나님의 심판의 결과로 빠진 구덩이라면, 빠뜨린 이도 건질 이도 주님임을 믿고 부르짖어 구원이 임하게 하옵소서.

하나님, 구덩이에 빠졌을 때 사람을 의지하고 물질을 의지하고 권세를 의지하지 않기를 소원합니다. 곧 썩어 사라질 것들에 기대는 저의 연약함을 꾸짖어 주셔서 제가 빠진 구덩이에서 주님의 음성을 듣고 주님의 지혜를 얻고 주님을 만진 듯이 볼 수 있기를 소원합니다.

아브라함도 이삭도 야곱도 요셉도 하나님 앞에서 온전하지 않았으나 그들을 택하여 하나님의 섭리 가운데 살게 하셨듯이, 연약한 저와 함께하시어 걸음걸음마다 견고하게 하시고 제 입술에 하나님께 올려 드릴 새 노래를 주시옵소서.

예수님의 이름으로 감사하며 기도드립니다. 아멘.

3장
하나님 손에 붙들리면
치욕의 가문도 변한다

창세기 38장

지금까지 요셉의 이야기를 읽으면서 아니 어떻게 저런 인물이 족장이 되지? 하나님은 어떻게 저런 인물을 사용하시지? 하는 생각을 했을지도 모릅니다. 그런데 그들이 바로 우리입니다. 우리가 바로 그렇게 부족하고 연약하며 형편없는 사람들입니다.

창세기는 더 악한 우리의 모습을 비추기 위해 요셉의 이야기에서 갑자기 유다의 이야기로 전환합니다. 유다는 요셉이 구덩이에 빠졌을 때 상인들에게 노예로 팔아 버리자 제안함으로써 요셉의 목숨을 구한 사람입니다. 물론 유다는 요셉을 다른 형제들보다 더 아껴서 그런 행동을 한 것은 아닙니다. 자신도 요셉이 싫지만 살인만큼은 피하고 싶었을 뿐입니다. 노예로 팔아 버리면 더 이상 요셉을 볼 일은 없을 것으로 생각했을 것입니다.

사실 노예로 팔린다는 것은 당장의 죽음은 면할 수 있을지 모르지만 생명이 보장되는 일은 아니었습니다. 당시 주인들은 법적 심판 없이도 노예를 죽일 수 있는 권한을 가지고 있었습니다. 그러므로 유다의 제안은 자기 손에 피를 묻히고 싶지 않다는 것이지 요셉의 목숨을 구하자는 뜻은 아닐 수 있습니다. 그럼에도 유다는 결과적으로 형제들을 설득해서 요셉을 노예로 팔아 버림으로써 복수도 했고, 동시에 요셉의 생명도 살렸습니다.

유다가 간 길

그 후에 유다가 자기 형제들로부터 떠나 내려가서 아둘람 사
람 히라와 가까이하니라 (38:1)

'그 후에'는 요셉이 노예로 팔려 간 지 꽤 오랜 시간이 흘렀음을 가리킵니다. 그렇게 시간이 흐른 어느 날, 유다가 아버지 야곱과 형제들을 떠나서 홀로 이방 지역으로 갑니다. 헤브론을 떠난다는 것은 위기가 닥쳤을 때 영적으로 의논하고 함께 기도할 공동체가 없다는 것을 의미합니다.

> 유다가 거기서 가나안 사람 수아라 하는 자의 딸을 보고 그를
> 데리고 동침하니(38:2)

유다는 이방 지역에 머물며 가나안 사람의 딸을 취하여 결혼을 하고 자녀를 낳습니다. 이는 가나안 족속의 딸을 취하지 말라(창 24:7, 37; 28:1, 6)는 아브라함과 이삭의 명령을 거역했음을 말하고 있습니다. 하나님을 모르는 이방 여인과 결혼해서 자녀를 낳으면, 자녀가 이 방신이 들끓는 가나안에서 경건하게 자라기는 거의 불가능합니다. 헤브론을 떠난 유다의 모습은 아브라함을 떠난 롯을 연상시킵니다.

유다는 가나안 사람 수아의 딸과 결혼해서 첫째 엘, 둘째 오난 그리고 셋째 셀라를 얻습니다. 그리고 장자 엘을 다말이라는 여자와 결혼시킵니다. 그런데 유다의 장자인 엘의 삶이 얼마나 악했는지 하나님께서 그를 데려가십니다.

당시 형이 죽으면 동생이 형수와 결혼해서 대를 잇는 전통이 있었습니다. 이를 계대결혼, 수혼제라고 합니다. 유다는 둘째 아들 오난을 형수 다말과 결혼시켜 대를 잇고자 합니다. 여기서 눈여겨 볼 것이 자식을 대하는 유다의 태도입니다.

야곱은 아들 요셉이 죽은 줄로 알고 식음을 전폐하며 오랫동안 슬퍼했습니다. 그런데 유다는 장남이 죽었는데도 별 감정의 변화가 없습니다. 물론 엘의 죽음은 그의 악행 때문입니다. 그래도 자식인데, 야곱과 비교되는 모습입니다. 유다는 슬퍼하기보다 곧 둘째 오

난에게 명령하듯 대를 이으라고 합니다.

그런데 유다와 자식들의 관계가 얼마나 안 좋았으면, 당연히 대를 잇는 당시의 전통이 있음에도 불구하고, 둘째 오난은 아버지를 신뢰하지 않습니다. 형수 다말에게서 자녀를 얻더라도 그 자녀가 자신의 아이가 되지 않을 것이라 여겨 의도적으로 임신을 회피합니다. 참으로 위계도 없고 애정도 없는 집안입니다. 하나님께서 이를 악하게 여겨 오난을 데려가십니다.

성경에서 하나님이 이렇듯 형제의 생명을 쉽게 취하는 경우는 매우 드뭅니다. 유다의 두 자녀는 하나님 보시기에 생명을 거둘 만큼 악했음을 알 수 있습니다.

이제 남은 아들은 셋째 셀라입니다. 이번엔 유다가 겁을 냅니다.

> 유다가 그의 며느리 다말에게 이르되 수절하고 네 아버지 집에 있어 내 아들 셀라가 장성하기를 기다리라 하니 셀라도 그형들같이 죽을까 염려함이라 다말이 가서 그의 아버지 집에 있으니라(38:11)

유다는 셀라도 죽을까 두려워 며느리 다말을 친정으로 보냅니다. 셀라까지 다말과 혼인시킬 수 없었던 것입니다. 당시 수혼제는 사회 최약자인 과부를 보호하기 위한 조치였습니다. 하나님은 특별히 고아와 과부와 나그네를 돌보라고 명령하셨습니다. 사회에서 가장 약한 계층이 바로 이들입니다. 그런데 유다는 다말을 지켜 주지 않습니다. 비겁하고도 정의롭지 못한 모습입니다.

얼마 후 시간이 흘러 유다의 아내도 죽습니다. 자유의지를 가지고 아버지 야곱과 형제들이 사는 헤브론을 떠나 이방 지역으로 간 유다는 파란만장한 인생을 겪고 있습니다. 두 아들이 죽고 아내도 장사지냈습니다.

어느 날 유다는 아둘람 사람 히라와 함께 자신의 양 떼를 데리고 양털을 깎기 위해 딤나라는 지역으로 갑니다. 그런데 거기서 유다는 육신의 유혹을 견디지 못하고 얼굴을 가린 매춘부로 보이는 여인과 동침을 합니다. 그리고 여인에게 염소 새끼 한 마리를 주는 것으로 대가를 치르려 하자, 여인이 그 담보물로 유다의 지팡이를 요구합니다.

나중에 유다는 친구를 시켜 그 여인에게서 지팡이를 찾아오라고 합니다. 그 지팡이로 인해 신분이 노출될까 두려워서인지, 여인과 한 약속을 지키기 위해서인지, 친구를 보냅니다. 하지만 유다의 친구는 여인을 찾지 못합니다. 대신 딤나 지역 에나임 거리에는 몸을 파는 여인이 없다는 이야기를 전해 줍니다.

그리고 수개월이 흐른 어느 날, 수상한 소문을 듣습니다. 바로 친정에 가서 수절하던 며느리 다말이 임신을 했다는 소문입니다. 유다는 분노하여 당장 그 며느리를 끌어내 불사르라고 명합니다.

석 달쯤 후에 어떤 사람이 유다에게 일러 말하되 네 며느리 다말이 행음하였고 그 행음함으로 말미암아 임신하였느니라 유다가 이르되 그를 끌어내어 불사르라(38:24)

여기서 우리는 유다의 이중성을 엿볼 수 있습니다. 과부가 된 며느리 다말에게는 수절하라 명하고는 자신은 길거리 여자와 동침을 합니다. 그런데 다말이 임신했다고 하니 수절하지 않았다고 당장에 불살라 죽이라고 명령합니다. 다말에게는 어떤 연민도 느끼지 못하면서 길거리 여인에게는 새끼 염소를 주고자 합니다. 매우 이중적인 유다입니다.

유다의 이중성은 요셉의 사건에서도 이미 엿볼 수 있었습니다. 유다는 형으로서 최소한 요셉의 생명을 구했으나 언제든지 죽임을 당할 수 있는 노예로 팔아넘겼습니다. 이렇듯 인간이 자유의지를 자기만족을 위해 사용할 때 얼마나 파렴치해지는지 모릅니다.

잘못을 인정하는 유다

유다의 명령을 따라 사람들이 다말을 불사르려고 끌고 갑니다. 이때 역전이 일어납니다.

여인이 끌려나갈 때에 사람을 보내어 시아버지에게 이르되
이 물건 임자로 말미암아 임신하였나이다 청하건대 보소서
이 도장과 그 끈과 지팡이가 누구의 것이니이까 한지라^(38:25)

다말이 유다에게서 받은 지팡이를 꺼내 든 겁니다. 어째서 유다의 지팡이가 다말의 손에 있는 겁니까? 사건의 전말은 이렇습니다. 친정에서 수절하던 다말은 아무리 기다려도 유다가 셋째 아들을 주지 않자, 길거리 여인으로 변장을 하고 유다를 유혹합니다. 다말이 유다가 자신의 유혹에 넘어갈 것을 이미 알았다는 것은 평소 유다의 행색이 그랬다는 것을 알 수 있습니다.

그러니까 유다가 딤나 거리에서 만나 동침한 여인은 다름 아닌 며느리 다말이었던 것입니다. 여기서 주목할 두 어절이 있습니다.

보소서… 지팡이가 누구의 것이니이까

요셉의 형제들이 염소(유다도 여인에게 염소를 주려고 했습니다)의 피를 바른 채색옷을 야곱에게 보여 주며 한 말입니다. 요셉을 노예로 팔아넘기고는 요셉이 짐승에 물려 죽은 것처럼 꾸며서 한 말입니다.

그의 채색옷을 보내어 그의 아버지에게로 가지고 가서 이르기를 우리가 이것을 발견하였으니 아버지 아들의 옷인가 보

소서 하매(37:32)

악한 죄는 반드시 부메랑으로 돌아오게 마련입니다. 요셉을 살려 주긴 했지만, 그 꾀를 낸 것은 바로 유다입니다. 유다는 며느리 다말이 내민 자신의 지팡이와 도장에 아무런 변명도 하지 못합니다. 마침내 자신의 잘못을 시인합니다.

유다가 그것들을 알아보고 이르되 그는 나보다 옳도다 내가 그를 내 아들 셀라에게 주지 아니하였음이로다 하고 다시는 그를 가까이하지 아니하였더라(38:26)

유다가 자유의지로 헤브론을 떠날 때만 해도 부푼 기대에 차 있었을 것입니다. 이방 여인의 아름다움을 보고 아내로 취했을 때도, 자식을 이방 여인과 결혼시킬 때도 그랬을 것입니다. 과부를 보호하라는 하나님의 명령을 어기고 며느리 다말을 버렸을 때도 아무런 가책을 느끼지 않았을 것입니다. 아내가 죽고 거리에서 만난 여인과 동침할 때도 기쁨으로 그랬을 것입니다. 하지만 그 결과는 참담합니다. 두 아들을 잃었고 마침내 며느리 다말을 범한 파렴치한이 되었습니다.

창세기 38장과 39장은 요셉과 유다의 삶을 대비해서 보여 주고 있습니다. 39장에서 요셉은 아버지 야곱의 편애로 자기중심적인 삶을 살다가 구덩이에 빠짐으로써 하나님의 구원의 손길을 받아 형통의 길을 가게 됩니다. 반면에 38장에서 유다는 자기만족을 좇아 아버지 집을 떠나고 이방 여인과 결혼하며 과부를 홀대하는 자유의지의 삶을 살다가 가족을 잃고 망신을 당하게 됩니다.

그는 나보다 옳도다

유다는 자신의 잘못을 깨끗이 인정합니다. 자신과 다말만 아는 사건을 은폐하기 위해 다말을 화형시킬 수도 있었으나 유다는 자신의 잘못을 인정합니다. 이것이 악하나 선한 유다의 이중적인 모습입니다. 우리 안에는 이렇듯 선과 악이 공존합니다.

유다의 삶은 이 사건을 계기로 커다란 전환을 맞습니다. 창세기 44장에서 유다는 베냐민을 대신해 볼모가 되어 죽을 각오를 합니다. 자기 손에 피를 묻히고 싶지 않아 동생을 노예로 팔아 버린 유다가 이제는 자기 목숨을 버리고서라도 동생을 지키고 있습니다.

어떤 인생이든 하나님 손에 붙들리면 변화합니다.

어떤 인생도 하나님의 은혜가 아니면

임신한 다말은 어떻게 되었을까요? 쌍둥이를 낳습니다. 그들은 베레스와 세라인데, 이 둘도 뱃속에서부터 장자 쟁탈전을 벌입니다.

> 해산할 때에 손이 나오는지라 산파가 이르되 이는 먼저 나온 자라 하고 홍색 실을 가져다가 그 손에 매었더니 그 손을 도로 들이며 그의 아우가 나오는지라 산파가 이르되 네가 어찌하여 터뜨리고 나오느냐 하였으므로 그 이름을 베레스라 불렀고 그의 형 곧 손에 홍색 실 있는 자가 뒤에 나오니 그의 이름을 세라라 불렀더라^(38:28-30)

원래 동생인 베레스가 먼저 나와 형이 되고, 형이었지만 뒤에 나온 세라가 동생이 됩니다. 가인과 아벨, 이스마엘과 이삭, 에서와 야곱, 요셉과 형제들 그리고 베레스와 세라에 이르기까지 모두 장자가 되기를 원하므로 서로 싸우고 갈등합니다. 그러나 우리는 이들에게서 한 가지 사실을 배웁니다. 바로 영적인 장자는 전적으로 하나님의 섭리 가운데 세워진다는 것입니다. 그러니 구원받은 어떤 인생도 하나님의 은혜 없이는 설명할 수 없습니다.

이제 유다와 다말의 이야기에서 놀랍고 충격적인 반전을 이야기할 때입니다. 바로 다말에게서 나온 베레스가 다윗의 조상이 되는 이야기입니다. 다윗은 유다 가문의 후손이고, 예수님은 바로 유다 가문에서 이 땅에 오셨습니다!

아브라함과 다윗의 자손 예수 그리스도의 계보라 아브라함
이 이삭을 낳고 이삭은 야곱을 낳고 야곱은 유다와 그의 형
제들을 낳고(마 1:1-2)

그런데 이상하지 않습니까? 하나님께서 요셉을 영적 장자로 선
택하신 게 아니었습니까? 그런데 어째서 유다 자손 중에서 예수님
이 오신단 말입니까? 더구나 다말은 유다의 며느리가 아닙니까? 어
떻게 며느리와 시아버지 사이에서 난 자손으로부터 예수님이 오신
단 말입니까?

유다는 다말에게서 베레스와 세라를 낳고 베레스는 헤스론
을 낳고 헤스론은 람을 낳고 람은 아미나답을 낳고 아미나답
은 나손을 낳고 나손은 살몬을 낳고 살몬은 라합에게서 보아
스를 낳고…(마 1:3-5)

라합은 또 누구입니까? 가나안 땅의 기생 라합을 말하는 겁니까?

보아스는 룻에게서 오벳을 낳고 오벳은 이새를 낳고(마 1:5)

룻이라면 이방 여인이 아닙니까? 룻이 바로 이스라엘의 위대한
왕 다윗의 증조할머니입니다.

이새는 다윗 왕을 낳으니라 다윗은 우리야의 아내에게서 솔
로몬을 낳고 [마 1:6]

솔로몬의 어머니가 우리야의 아내라고요? 그렇다면 다윗이 부하
의 아내를 범한 그 사건을 말합니까? 다윗의 부하는 우리야이고 우
리야의 아내는 바로 밧세바입니다.

솔로몬은 르호보암을 낳고 르호보암은 아비야를 낳고 아비
야는 아사를 낳고… 야곱은 마리아의 남편 요셉을 낳았으니
마리아에게서 그리스도라 칭하는 예수가 나시니라 [마 1:7, 16]

유다도 다말도 예수님의 족보에 오를 수 있다고요? 기생 라합도,
이방 여인 룻도, 밧세바도 예수님의 족보에 오를 수 있다고요? 예수
님의 족보야말로 무질서 그 자체가 아닙니까? 그런데 사실 놀랄 일
이 아닙니다. 어느 집을 들여다봐도 이렇게 죄와 오욕으로 얼룩지
지 않은 집이 없기 때문입니다.

예수님은 바로 그런 죄인들을 구원하시고자 인간의 혈통으로 이
땅에 오셨습니다. 우리도 예수님의 영적 계보를 잇고 있지 않습니
까? 만약 누군가 내 인생을 속속들이 알아서 창세기 51장을 쓴다면,
"이 사람이 왜 여기서 나오지" 하지 않겠습니까?

그래서 하나님의 은혜는 경이롭습니다. 나 같은 자가, 유다와 같

고 다말과 같은 내가 하나님 자녀의 족보에, 예수님의 형제로 들어가다니요!

그래서 하나님의 구원 역사는 은혜의 역사입니다. 콩가루 같은 유다 집안에도 은혜를 주신다면 내 가정에도 하나님의 역사가 써 내려갈 수 있습니다. 우리도 예수님의 족보에 오를 수 있습니다.

그러므로 우리가 바라볼 것은 환경과 사람이 아닙니다. 오직 하나님입니다. 사람과 환경은 하나님의 역사에 사용되는 것이지 스스로 은혜를 창출하는 것이 아닙니다. 오직 주만 바라볼 때, 환경과 사람에 대해서도 감사할 수 있습니다. 유다와 다말의 이야기가 요셉의 이야기 중에 족자처럼 끼워진 이유가 여기에 있습니다. 성경은 부끄러운 역사를 숨기지 않습니다. 그것이 오히려 우리에게 유익하기 때문입니다.

· 인간의 죄를 폭로한다
· 인간의 한계를 폭로한다
· 인간의 절망을 폭로한다

성경은 결코 유다의 죄를, 르우벤의 죄를, 요셉의 죄를, 요셉 형제들의 죄를 정당화하지 않습니다. 하나님은 우리 죄에 대해 즉결 심판하시기도 하지만, 대부분의 경우 그 죄의 결과를 맛보게 하십니다. 죄의 결과로 참혹한 고통을 당할 때 기억하십시오. 그때가 바로 하나님의 구원의 손길을 붙잡을 수 있는 기회입니다. 죄에 대해 참회할 기회입니다.

이것이 믿음입니다. 죄를 용서하시는 하나님을 붙들 때 은혜를 맛볼 수 있습니다. 창세기는 부족하고 연약하며 죄 많은 우리에게 하나님의 은혜가 반드시 필요함을 알려 줍니다.

어떻게 유다가, 어떻게 다말이, 어떻게 이방 여인 룻이, 어떻게 이방 여인 기생 라합이 예수님의 족보에 오를 수 있습니까? 하나님의 은혜가 아니면 설명할 수 없습니다. 그러므로 인생은 하나님이 주어가 되어야 합니다.

묵상을 위한 기도

살아 계신 하나님, 제가 요셉도 될 수 있으나 그의 형 유다도 될 수 있음을 말씀을 통해 알았습니다.

유다는 하나님이 주신 자유의지로 떠나지 말라는 헤브론을 떠났고 혼인하지 말라던 이방 여인을 탐했습니다. 그 결과 가정이 풍비박산이 났습니다. 이보다 더 나빠질 수 없을 만큼 무너졌습니다. 쓸데없는 자 같고, 멸망하는 자 같고, 내일에 소망 없는 자같이 되었습니다. 유다는 헤브론을 떠날 때 환경을 탓했고 사람을 탓했습니다. 그러나 도무지 다시 소망을 가질 수 없을 것 같은 순간에, 유다가 하나님 앞에 섭니다. 그제야 불평하는 그 입술을 닫고 하나님의 음성에 귀를 기울입니다. 그리고 하나님이 일하심을 깨닫습니다.

예수님이 유다 가문에서 오셨다니, 얼마나 기쁘고 위로가 되는지요. 저 같은 사람도 일으켜 구원해 주시고 하나님의 약속을 신실하게 행하시니, 얼마나 감격스러운지요.

여전히 입술로 탓하고 있다면, 아직도 주님의 음성을 청종하지 않고 있다면, 제 힘을 더 빼주십시오. 더 이상 가문 탓, 가정 탓, 환경 탓하지 말고 주님이 주인된 새 생명으로 새 노래를 부르기를 소원합니다. 하나님의 은혜가 아니면 설명할 수 없는 인생이 되기를 소원합니다.

예수님의 이름으로 기도드립니다. 아멘.

DIVINE PROVIDENCE

Part 2.

하나님의 섭리는
고난을 뚫는다

HUMAN FREEWILL

4장
그리스도인의 해법은
오직 하나다

창세기 39:1-10

　　우리가 흔히 별것 아닌 걸로 치부하는 죄 중에 매우 무서운 두 가지 죄가 있습니다. 바로 교만과 질투입니다. 기독교 역사 1500여 년 동안 죽음에 이르는 7가지 죄 중 가장 첫 번째로 꼽히는 죄가 바로 교만이며 그다음이 시기와 질투입니다.

　　교만은 하나님을 배역한 천사들의 죄입니다. 질투는 최초의 인간 아담과 하와가 하나님과 같이 되고자 하는 높은 마음으로 가진 죄였습니다. 그런데 이 두 가지 무서운 죄인 교만과 질투가 싸우면 누가 이길까요? 답은 둘 다 자멸한다입니다.

　　요셉과 형제들의 이야기도 교만과 질투가 불러온 자멸을 이야기하고 있습니다. 머리끝까지 교만한 요셉은 집안의 왕자에서 노예로, 불같은 시기와 질투를 참지 못한 요셉의 형제들은 동생을 노예로 팔아 버리고 평생을 양심의 고통을 받으며 살게 됩니다. 그럼에도 하나님은 이 죄 많은 집을 구원하기 위해 애쓰십니다. 이 모든 과정에 하나님의 섭리가 숨겨져 있습니다.

형통함은 하나님이 함께하시는 것이다

> 요셉이 이끌려 애굽에 내려가매 바로의 신하 친위대장 애굽
> 사람 보디발이 그를 그리로 데려간 이스마엘 사람의 손에서
> 요셉을 사니라(39:1)

이스마엘 상인 혹은 미디안 상인들에게 팔려 간 요셉은 이제 이집트에 도착해 이집트의 친위대장 보디발 집의 노예로 팔려 갑니다. 요셉에겐 더 이상 아버지 야곱도 없고 채색옷도 없습니다. 아버지 야곱의 넘치는 사랑으로 세상의 중심이 자신인 줄 알던 요셉은 이제 철저히 버려진 낯선 땅의 노예일 뿐입니다. 자유로운 왕자의 삶에서 자유가 속박된 노예로 전락한 것입니다.

요셉이 팔려 간 집은 이집트 왕 바로를 근거리에서 보좌하는 고위급 관리인 보디발의 집이었습니다. 요셉은 아마도 보디발의 집으

로 팔려 가기 전에도 또한 팔려 간 뒤에도 적잖은 시간 동안 노예로서 주인을 섬기는 훈련을 받아야 했을 것입니다.

그런데 성경은 놀랍게도 이처럼 추락한 요셉의 삶을 '형통하다'고 묘사하고 있습니다.

> 여호와께서 요셉과 함께하시므로 그가 형통한 자가 되어 그의 주인 애굽 사람의 집에 있으니(39:2)

노예라는 신분, 그 신분에 걸맞은 모욕적이고 절망적인 상황이 어떻게 형통하다는 것입니까? 도무지 이 둘을 연결하는 게 이해가 되지 않습니다. 과연 고난 가운데서도 형통하다는 의미는 무엇일까요?

첫째, 요셉의 형통은 고난 가운데서도 하나님이 함께하신다는 의미입니다.

성경은 요셉을 가리켜 '형통한 자'(a successful man)라고 합니다. 이때 사용된 히브리어 '마츨리아흐'는 '성공적으로 이끌다'라는 뜻입니다.

요셉은 형들의 불같은 시기와 질투를 받아 죽음의 문턱까지 가는 두려움을 맛보았고, 이집트로 팔려 가 노예 훈련을 받고 있습니다. 도무지 '형통'한 것과 거리가 먼 상황입니다. 인생의 쓰디쓴 잔을 받은 요셉이 어째서 형통한 자, 성공한 자일까요?

요셉의 형통함은 어떤 장소나 환경이 아니라, 하나님께서 언제 어디서든 그와 함께하시는 형통함입니다.

유다는 하나님이 떠나지 말라 한 헤브론을 떠나 가나안 지역으로 갔습니다. 유다는 하나님을 떠날 심산으로 헤브론을 떠난 것이기에 이미 마음으로 하나님을 떠난 상태입니다. 유다는 아브라함의 조카 롯처럼 성공과 형통을 좇아 아버지 야곱을 떠났고 하나님을 떠난 것입니다.

반면에 요셉은 헤브론을 떠났으나 이집트에서 하나님과 함께하는 삶을 살게 되었습니다. 하나님은 헤브론에만 계신 것이 아니라 그를 믿는 자와 함께하십니다. 그래서 요셉은 형통한 자입니다. 이때 요셉은 어떤 요셉입니까? 채색옷을 입고 아버지의 사랑을 독차지한 왕자 같은 요셉이 아닙니다. 영적으로 안전한 헤브론에 머물고 있는 요셉이 아닙니다. 형들로부터 배신당해 노예로 전락한 요셉입니다. 자기 의지와 상관없이 친구도 연고지도 없는 낯선 땅에 떨어진 요셉입니다. 그 요셉이 하나님과 함께하고 있습니다.

새해가 되면 흔히 'A new year resolution'이란 말을 합니다. 새해를 성공적으로 살아갈 비법이란 뜻입니다. 사람들은 직장을 바꾼다든지, 이사를 간다든지, 새로운 사람을 만난다든지, 새로운 전략을 구상한다든지, 새로운 습관을 만든다든지 할 때 변화무쌍한 세상에서 살아남기 위한 해법들을 제시합니다. 하지만 그리스도인에게 'A new year resolution'이란 하나님과 함께하는 것입니다. 고난의 상황이 달라지지 않아도, 파도가 집어삼킬 듯이 몰아쳐 와도, 그리스도인의 해법은 오직 하나님과 함께하는 것입니다.

그런데 본문을 다시 보십시오.

여호와께서 요셉과 함께하시므로 그가 형통한 자가 되어 그의 주인 애굽 사람의 집에 있으니(39:2)

요셉이 여호와와 함께하므로 형통한 것이 아닙니다. 여호와께서 요셉과 함께하시므로 형통합니다. 함께하는 주체가 하나님입니다.

우리는 흔히 인생이 잘나가면 내가 하나님 손을 붙들고 있는 줄로 착각합니다. 그러다 망하게 되면 하나님이 자기 손을 놓았다고 착각합니다. 본문은 하나님이 요셉과 함께하신다고 말합니다. 내가 아니라 하나님이 우리 손을 잡고 계십니다.

인생이 잘나가서 형통합니까? 아닙니다. 하나님이 함께하시므로 형통한 것입니다. 아무리 세상적인 성공을 거두었어도 거기에 하나님이 함께하시지 않으면 형통한 삶이 아닙니다. 이것이 성경이 가리키는 형통입니다. 세상과 전혀 다른 개념입니다.

그리스도인은 이 형통의 원리를 인생에 적용하는 사람입니다. 만일 아직도 세상적인 성공에 목을 매고 있다면 형통과 먼 삶을 살고 있는 것입니다. 하나님을 믿는다는 것은 세상의 가치관에 물들여진 나의 생각과 나의 눈과 나의 마음을 성경적인 가치관으로 세뇌

(brainwashing)하는 것입니다. 백날 세상의 가치관을 가지고 성경을 읽고 예배를 드려 봐야 삶에 변화가 일어나지 않습니다. 하나님의 능력이 삶에 나타나지 않습니다. 절대 형통하지 못합니다.

형통함은 나로 인해 남이 축복받는 것이다

둘째, 요셉의 형통은 나 중심에서 주변으로 확장되는 형통함입니다.

히브리어 '마츨리아흐'(형통하게 하다)의 두 번째 의미는 나만 형통한 것이 아니라, 주변과 주변 사람들을 형통하게 이끄는 것입니다.

그리스도인의 형통은 숨길 수가 없습니다. 나만 아는 형통이 아니라 주변 사람들도 인정하는 형통입니다. 보디발은 요셉이 노예였음에도 그가 형통하다고 말했습니다.

그의 주인이 여호와께서 그와 함께하심을 보며 또 여호와께서 그의 범사에 형통하게 하심을 보았더라 (39:3)

"나는 하나님과 동행한다"고 말하지만 주변 사람들이 인정하지 않는다면 말뿐인 형통입니다. "하나님은 나와 함께하신다"고 말하지만 주변에서 그 말을 인정하지 않는다면 마찬가지로 말뿐인 형통입니다. 노예임에도 불구하고, 고난 중에 있음에도 불구하고, 하나님이 함께하시는 형통을 자신도 알고 주변 사람도 알고 있다면 그것이 바로 형통입니다.

보디발 장군은 하나님이 누구신지 모르는 사람입니다. 하지만 요셉이 예배하고 찬양하는 것을 보았을 것입니다. 다니엘이 하루에 세 번 예배드리는 것을 알고 그를 사지에 몰아넣기 위해 예배 금지를 시킨 사람들처럼 보디발은 요셉이 예배드리는 것을 알고 있었을 것입니다. 그랬기에 보디발은 하나님이 요셉과 함께하신다는 것을 경험으로 믿을 수 있었습니다.

하나님이 동행하시는 인생은 형통할 수밖에 없습니다. 영어성경은 형통의 의미를 'success'(성공) 혹은 'prosperity'(번영)로 표현합니다. 이 두 가지는 세상이 가장 좋아하는 말입니다. 그러나 성경의 형통은 세상적인 의미의 성공과 번영과는 사뭇 다릅니다.

예수님을 믿으면 때에 따라서 물질도 따라올 수 있고 직장에서 승진할 수도 있고 건강이 좋아질 수도 있고 사람들과의 관계도 형통할 수 있습니다. 그런데 이런 것들은 하나님이 함께하시므로 따라오는 것일 뿐입니다. 이런 것들이 형통을 설명하지는 않습니다. 그렇게 되지 않을지라도, 어떤 상황에 처할지라도 하나님을 주권자로 인정하는 삶을 사는 것이 형통입니다. 그렇게 살 때 세상 사람들이 우리와 함께하는 하나님을 알아봅니다. 하나님과 함께하는 삶이 형통하다는 것을 인정합니다. 그 형통한 자를 누구도 함부로 할 수 없습니다.

> 요셉이 그의 주인에게 은혜를 입어 섬기매 그가 요셉을 가정
> 총무로 삼고 자기의 소유를 다 그의 손에 위탁하니[39:4]

보디발이 고작 노예에 불과한 요셉에게 가정총무라는 중요한 일을 맡깁니다. 요셉은 하나님 앞에 선 자로서 누구보다 성실하고 정직하게 일했을 것입니다. 그리고 요셉이 하는 일마다 놀라운 열매를 맺었을 것입니다. 얼마나 오랜 시간 지켜보았는지 알 수 없으나 하나님이 함께하시는 요셉의 형통을 보았으므로 보디발은 자기 집의 모든 소유를 책임지는 자리에 요셉을 앉힙니다.

> 그가 요셉에게 자기의 집과 그의 모든 소유물을 주관하게 한
> 때부터 여호와께서 요셉을 위하여 그 애굽 사람의 집에 복을
> 내리시므로 여호와의 복이 그의 집과 밭에 있는 모든 소유에
> 미친지라[39:5]

보디발의 집에 하나님의 복이 언제부터 내리기 시작했습니까? 보디발 장군이 요셉을 알아본 때부터! 그런데 하나님은 누구를 위해 보디발의 집에 복을 내리십니까? 요셉을 위하여! 그렇습니다. 하나님은 바로 요셉을 위하여, 요셉이 그 집에 있으므로 그가 섬기는

집 전체에 복을 내리신 것입니다.

요셉은 남을 축복하는 사람이 아니었습니다. 남을 배려하는 사람도 아니었습니다. 오히려 남의 잘못과 허물을 들춰내고 자기애에 도취되어 남이 어떤 상처를 받든 상관하지 않는 사람이었습니다. 요셉의 존재 자체가 집안의 화근이었습니다. 그런 요셉이 지금 남을 축복하는 사람이 되었습니다. 이렇듯 그리스도인이 된다는 것은 하나님의 영이 내 삶에 충만하여 주변으로 흘러갈 수밖에 없는 사람이 되는 것입니다. 나로 인해 주변이 복을 받는 사람이 되는 것입니다.

형통함은 죄의 유혹을 이기는 것이다

셋째, 요셉의 형통함은 죄를 멀리하고 죄를 이기는 형통입니다.
마지막 세 번째 형통함이 요셉에게 없었다면 우리가 그렇게까지 요셉을 높이 보지 않았을 것입니다. 하나님이 함께하시는 형통에는 테스트가 따릅니다. 요셉은 이 테스트를 통과한 사람입니다. 이제 이것을 살펴보고자 합니다.

주인이 그의 소유를 다 요셉의 손에 위탁하고 자기가 먹는 음식 외에는 간섭하지 아니하였더라(39:6)

보디발은 요셉을 완전히 신뢰하여 그의 재산을 모두 맡깁니다. 더구나 자기가 먹는 것 외에 어떤 것도 간섭하지 않습니다. 과연 요셉은 이 형통을 담을 만한 그릇으로 성장한 것입니까?

요셉은 용모가 빼어나고 아름다웠더라 그 후에 그의 주인의 아내가 요셉에게 눈짓하다가 동침하기를 청하니(39:6-7)

요셉이 형통을 누리는 순간 엄청난 유혹을 받게 됩니다. 보디발의 아내는 요셉이 용모가 빼어난 데다 성실하고 정직하며 열정적이고 더구나 왠지 모를 신비한 힘을 가진 것에 마음을 빼앗겼습니다. 그래서 그를 유혹합니다.

보디발의 아내의 유혹에 응하면 요셉은 어쩌면 지금보다 더 큰 권력을 손에 쥘 수 있을지도 모릅니다. 더구나 요셉 집안엔 요셉의 형 르우벤이 아버지의 첩 빌하를 범한 역사가 있습니다. 성경은 하나님이 그와 함께하시므로 요셉이 형통한 자가 되었다고 증언하지만, 요셉이 과연 이 같은 유혹을 뿌리칠 수 있을지 자못 궁금합니다. 형들에게 팔려 이집트의 노예가 된 뒤로 지금까지 어떤 말도 하지 않던 요셉이 이제 입을 열었습니다.

요셉이 거절하며 자기 주인의 아내에게 이르되 내 주인이 집안의 모든 소유를 간섭하지 아니하고 다 내 손에 위탁하였으니(39:8)

요셉은 아버지의 첩을 범한 장자 르우벤과 다르게, 며느리와 합방한 유다와 다르게, 유혹을 뿌리칩니다. 그것도 헤브론도 아닌 이집트의 한복판에서 말입니다. 요셉은 계속해서 말합니다.

이 집에는 나보다 큰 이가 없으며 주인이 아무것도 내게 금하지 아니하였어도 금한 것은 당신뿐이니 당신은 그의 아내임이라(39:9)

보디발이 아무것도 금한 것이 없었다 하더라도 보디발 자신을 해치는 것까지 허용한 것은 아닙니다. 요셉은 보디발 장군과 그의 아내를 한 몸으로 보았습니다. 그리고 이어서 놀라운 고백을 합니다.

그런즉 내가 어찌 이 큰 악을 행하여 하나님께 죄를 지으리이까(39:9)

요셉은 보디발 장군에게 죄를 짓기 이전에, 보디발 장군의 아내를 범하는 죄를 짓기 이전에, 그것이 자신과 함께하시는 하나님께 죄가 됨을 알고 있었습니다. 요셉은 구덩이에 던져진 이후로 그야말로 코람데오의 삶을 살게 된 것입니다.

우리가 짓는 죄는 가장 먼저 하나님께 죄를 짓는 것입니다. 따라서 죄를 지었을 때 가장 먼저 하나님께 용서를 구해야 합니다. 그런

다음에 죄를 지은 사람에게 용서를 구해야 합니다.

요셉은 노예로 팔리는 그 순간부터 그와 함께하시는 하나님을 부인할 수 없었습니다. 형통한 자로 이끄시는 하나님 앞에 죄를 짓지 않기 위해 삼가고 또 삼갔습니다. 그렇게 함으로써 미성숙했던 자신의 과거를 만회하고 있습니다.

하나님은 우리에게 과거의 잘못을 만회할 기회를 주십니다. 용서할 수 있는 기회를 주십니다. 화목하게 할 수 있는 기회를 주십니다. 하나님과 함께하는 인생은 하나님이 주시는 기회를 붙잡는 능력이 있습니다. 요셉처럼 죄를 이기는 능력이 있습니다. 요셉은 단호하지만 보디발 장군의 아내의 유혹도 끈질깁니다.

여인이 날마다 요셉에게 청하였으나 요셉이 듣지 아니하여 동침하지 아니할뿐더러 함께 있지도 아니하니라(39:10)

유혹은 맞서 싸우는 것이 아니라 요셉처럼 피하는 것입니다. 과연 요셉은 형통한 자였습니다. 모든 유혹을 뿌리칠 만한 그릇으로 성장했습니다.

인생의 형통이 아직도 성공이고 성취라고 생각합니까? 아닙니다. 하나님 없이 얻은 성공은 모래성과 같아서 금세 무너집니다. 그러나 하나님이 주시는 형통은 어떠한 고난의 순간에도 나와 함께하시겠다는 약속이며, 다른 사람을 살릴 수 있는 능력이며, 죄의 유혹을 물리칠 수 있는 능력입니다. 하나님으로부터 오는 형통을 소유하기를 축복합니다.

창세기 49장에서 야곱은 임종을 앞두고 요셉을 위한 축복을 합니다.

요셉은 무성한 가지 곧 샘 곁의 무성한 가지라 그 가지가 담을 넘었도다(49:22)

야곱의 축복과 같이 요셉은 형통한 자로서 하나님의 복을 주변에 흘려보내는 삶을 살았습니다. 시기와 질투와 분노로 요셉을 노예로 판 형들은 죄로 넘어지고, 생존의 위기에 처하게 된 것과 비교되는 모습입니다. 하나님과 함께하는 형통한 사람은 최악의 상황에서도 하나님 보시기에 옳은 길에 서려고 안간힘을 씁니다. 이것이 바로 형통함입니다. 어떤 신분이 되는 것이 중요한 게 아닙니다. 어디 사는 게 중요한 게 아닙니다. 지금 이 시간 하나님이 나와 함께하심이 중요합니다.

하나님은 우리에게 말씀하십니다.

"구덩이에 있을지라도 이집트에 있을지라도 노예로 전락했을지라도 내가 너와 함께한다!"

이것을 믿으시기 바랍니다. 이것을 붙드시기 바랍니다. 그럴 때 우리도 요셉처럼 하나님의 축복을 누리고 나로 인해 남이 축복을 받으며 죄의 유혹을 당당히 이길 수 있습니다. 형통한 자가 되는 것입니다. 나의 형통함을 주변 사람들이 인정하는 삶을 살게 될 것입니다.

묵상을 위한 기도

살아 계신 하나님, 시기와 질투와 분노로 요셉을 노예로 판 형들은 죄로 넘어졌지만 노예로 팔린 최악의 상황인 요셉은 나 중심에서 벗어나고 있습니다. 그것이 세상은 이해할 수 없는 하나님께서 주시는 형통임을 믿습니다.

쓰디쓴 인생의 잔을 들이킬 때, 요셉의 고난이 형통의 훈련이었음을 기억하게 하옵소서. 세상적으로는 실패했으나, 나로 인해 주변 사람들이 살아나고 있다면, 거기에 하나님이 함께하시고 있음을 기억하게 하옵소서. 보암직도 먹음직도 한 것을 탐하는 순간이 하나님을 떠나는 순간임을 기억하고 하나님 보시기에 옳은 길에 서기 위해 안간힘을 쓰기를 소원합니다.

그리하여 고난 가운데서도 형통함이 무엇인지 세상에 보여주는 인생이 되기를 소원합니다. 저로 인해 세상에 하나님의 은혜가 흘러가기를 간구합니다. 무엇보다 형통한 자라는 말을 하나님께 듣는 인생이 되게 하옵소서.

예수님의 이름으로 감사하며 기도드립니다. 아멘.

5장
형통한 자가
치르는 대가

창세기 39:11-23

　　질투와 분노로 요셉을 노예로 판 형들은 죄로 넘어지고, 삶이 망가져 가지만, 노예로 팔린 최악의 상황에 처한 요셉은 오히려 하나님 앞에서 죄를 짓지 않기 위해 안간힘을 씁니다. 그리스도인의 형통이란 이런 것입니다. 어떤 신분, 어떤 장소가 중요한 것이 아니라, 지금 이 시간 하나님이 나와 함께하심이 중요합니다.

　하나님이 주시는 형통은 어떠한 고난의 순간에도 나와 함께하신다는 약속이며, 고난의 순간에도 다른 사람을 살릴 수 있는 능력이며, 하나님이 나와 함께하시기에 죄의 유혹을 물리칠 수 있는 능력입니다.

신앙고백은 성공했을 때보다 고난 가운데 있을 때 더 진정성이 있는 법입니다. 당연히 성공한 자리에서도 신앙고백이 있어야 합니다. 하지만 유혹의 순간, 고통의 순간, 위기의 순간에 나오는 신앙고백은 그 어떤 때보다 진실합니다. 자신도 하나님도 속이지 못하는 고백이기 때문입니다.

지금 요셉은 주인을 배신하라는 보디발 아내의 유혹에 당면해 있습니다. 에덴동산의 아담과 하와에게 하나님을 배신하라는 뱀의 유혹이 연상되는 장면입니다. 첫 사람 아담은 이 유혹에 끝내 넘어가 죄를 지었지만, 요셉은 하나님 앞에서 죄를 지을 수 없다고 분명하게 말합니다.

요셉의 대답은 명료하고 명쾌합니다. 자신을 거둬 준 육신의 주인도 배신할 수 없고, 자신을 형들의 칼날과 구덩이에서 건져 주신 인생의 주인이신 하나님도 배신할 수 없다는 것입니다. 요셉은 첫 사람 아담과 달랐습니다.

어떤 이는 보디발 장군 아내의 외모가 못 봐줄 정도여서 요셉이 유혹을 거절했다고 우스갯소리를 합니다. 하지만 많은 성경학자들은 보디발 장군의 아내가 매우 뛰어난 미모를 가졌을 것이라고 말합니다. 이집트 바로를 근거리에서 보좌하는 장군이니 그 아내 역시 미모와 지성을 겸비한 사람이었으리라는 것입니다.

유혹 가운데, 이 유혹을 뿌리침으로써 받을 고난이 예상되는 가운데, 요셉은 코람데오의 신앙고백을 합니다. 이런 요셉을 하나님이 어떻게 주목하지 않을 수 있겠습니까?

요셉이 유혹을 거절하므로

요셉이 거절하며 자기 주인의 아내에게 이르되 내 주인이 집 안의 모든 소유를 간섭하지 아니하고 다 내 손에 위탁하였으니 이 집에는 나보다 큰 이가 없으며 주인이 아무것도 내게 금하지 아니하였어도 금한 것은 당신뿐이니 당신은 그의 아내임이라 그런즉 내가 어찌 이 큰 악을 행하여 하나님께 죄를 지으리이까(39:8-9)

신앙은 이처럼 내가 하는 말, 내가 하는 행동이 하나님과 연결되어 있다는 것을 아는 것입니다. 눈에 보이지 않는 하나님 앞에서 살아가고 있음을 아는 것이 신앙입니다.

보디발 장군의 아내의 유혹은 끈질겼습니다. 자존심이 상할 만도 한데, 굽히지 않고 파상공세로 요셉을 유혹합니다.

여인이 날마다 요셉에게 청하였으나 요셉이 듣지 아니하여 동침하지 아니할뿐더러 함께 있지도 아니하니라(39:10)

사탄도 우리를 어떻게든 쓰러뜨리려고 파상공세를 폅니다. 그것이 사탄의 임무입니다.

그러할 때에 요셉이 그의 일을 하러 그 집에 들어갔더니 그 집 사람들은 하나도 거기에 없었더라(39:11)

드디어 보디발 장군의 아내는 기회를 포착했습니다. 문맥상 보디발 장군의 아내는 남편이 없는 틈을 타서 집 안에 있는 모든 사람을 내보낸 것 같습니다. 그리고 말 그대로 요셉을 덮쳤습니다.

그 여인이 그의 옷을 잡고 이르되 나와 동침하자 그러나 요셉이 자기의 옷을 그 여인의 손에 버려두고 밖으로 나가매 그 여인이 요셉이 그의 옷을 자기 손에 버려두고 도망하여 나감을 보고(39:12-13)

형통을 추구하는 자가 알아야 할 사실은 악한 사탄과 부딪칠 때 예수님의 이름으로 대적하는 것입니다.

근신하라 깨어라 너희 대적 마귀가 우는 사자같이 두루 다니며 삼킬 자를 찾나니 너희는 믿음을 굳건하게 하여 그를 대적하라 이는 세상에 있는 너희 형제들도 동일한 고난을 당하는

줄을 앎이라^(벧전 5:8-9)

그리스도인은 영적 전쟁을 치르는 사람입니다. 사탄은 언제든 어디서든 그리스도인을 상대로 영적 전쟁을 벌입니다. 이때 형통을 추구하는 그리스도인은 사탄을 두려워하지 않고 본질적으로 대적합니다. 맞서 싸우는 것입니다. 우리 안에 하나님의 영이 계시므로 영적 대결에서 질 수 없습니다. 내가 싸우는 게 아니라 하나님이 싸우시기 때문입니다. 그러나 사탄이 내미는 유혹은 피해야 합니다. 멀리해야 합니다. 유혹은 맞서는 것이 아니라, 더러운 것이니 피하고 도망해야 마땅합니다.

그런즉 너희는 하나님께 복종할지어다 마귀를 대적하라 그리하면 너희를 피하리라^(약 4:7)

요셉이 하나님께 자신의 삶을 온전히 맡기고, 하나님께 복종하는 삶을 살았기에, 요셉은 이 유혹이 피해야 하는 것임을 알았습니다. 자유의지를 가지고 마음껏 살았을 때는 형들을 고발하고 형들이 듣기 싫어하는 꿈 이야기를 떠벌리는 것을 자제할 수 없었던 요셉입니다. 브레이크 없는 자동차와 같았습니다. 당시에 요셉은 하나님을 알지 못했을까요? 그럴 리가요. 하나님이 택하신 가문이었습니다. 아브라함, 이삭, 야곱의 파란만장한 삶에 드러난 하나님을 모를 수 없습니다. 그럼에도 그 하나님을 자신의 하나님으로 만나지 못했으므로 하나님이 아닌 자기 의지로 삶을 살았습니다.

그런 요셉이 노예가 되어서야 하나님을 만났습니다. 낮은 자리에 가 보니 상처받은 형들의 마음이 이해되었습니다. 그제야 자신과 함께하시는 하나님의 손길을 볼 수 있었고 그 음성을 들을 수 있었습니다. 그래서 요셉은 유혹을 피했습니다. 유혹을 피하지 않으면 보디발 장군을 배신하게 될 것이고 하나님께 범죄하게 된다는 것을 알았기 때문입니다.

그런데 요셉이 유혹을 이기고 신앙과 충성을 지켰건만 일이 이상하게 돌아갑니다.

> 그 여인의 집 사람들을 불러서 그들에게 이르되 보라 주인이 히브리 사람을 우리에게 데려다가 우리를 희롱하게 하는도다 그가 나와 동침하고자 내게로 들어오므로 내가 크게 소리 질렀더니 그가 나의 소리 질러 부름을 듣고 그의 옷을 내게 버려두고 도망하여 나갔느니라 하고 (39:14-15)

보디발 장군의 아내는 "주인(보디발)이 히브리 사람을 우리에게 데려다가"라며 남편 탓을 합니다. "하나님이 주셔서 나와 함께 있게 하신 여자"(창 3:12)라고 한 아담이 연상됩니다. 또한 보디발의 아내는 "히브리 사람"이라는 말로 요셉을 '갈 데 없는 노예'라고 경멸하고 있습니다. 그리고 한 술 더 떠서 요셉이 자신을 겁탈하려 했다고 오히려 누명을 씌웁니다.

보디발 아내의 유혹은 요셉 입장에서 보면 유혹을 받아들여도 유혹을 뿌리쳐도 그 결과는 죽음입니다. 구덩이에 한번 빠지면 빠져나오려 아무리 허우적거려도 스스로는 벗어날 수 없습니다. 외부로부터 오는 도움의 손길이 아니면 빠져나올 수 없습니다.

언젠가 옷을 버려두고 도망간 요셉의 모습을 거의 벌거벗은 상태로 그린 그림을 본 적이 있습니다. 당시 겉옷이 그랬습니다. 너무나 수치스럽습니다. 그런데 보디발의 아내는 여기서 더 나아가 요셉이 겁탈하려던 것을 자신이 거부했다고 남편에게 거짓을 말합니다. 그녀는 탐욕적이었을 뿐 아니라 모사꾼이었습니다. 우리는 이 대목에서 요셉이 형들의 일을 아버지에게 일러바칠 때 과연 사실만 말했을까 하는 의심을 하게 됩니다. 억울한 형들의 심정이 다시 한번 이해됩니다.

그의 옷을 곁에 두고 자기 주인이 집으로 돌아오기를 기다려 이 말로 그에게 말하여 이르되 당신이 우리에게 데려온 히브리 종이 나를 희롱하려고 내게로 들어왔으므로 내가 소리 질러 불렀더니 그가 그의 옷을 내게 버려두고 밖으로 도망하여 나갔나이다(39:16-18)

적반하장도 유분수입니다. 요셉으로선 얼마나 억울했을까요? 주인과의 신의를 지키려는 그의 충정의 대가가 이것이란 말입니까? 하나님에 대한 신앙을 지키려는 그의 신실함을 하나님은 이렇게밖에 보상하시지 못한단 말입니까?

어쩌면 요셉은 보디발이 자신의 결백을 믿어 줄 것으로 믿었을지도 모릅니다. 아니면 지금껏 그랬듯이 하나님께서 형통하게 해결하실 것이라 믿었을지도 모릅니다.

하지만 이번에는 보디발도 하나님도 요셉의 기대를 저버립니다.

> 그의 주인이 자기 아내가 자기에게 이르기를 당신의 종이 내게 이같이 행하였다 하는 말을 듣고 심히 노한지라 이에 요셉의 주인이 그를 잡아 옥에 가두니 그 옥은 왕의 죄수를 가두는 곳이었더라 요셉이 옥에 갇혔으나(39:19-20)

한 가지 다행인 것은 보디발 장군이 요셉을 죽이지는 않았다는 것입니다. 당시로선 죽임을 당해도 할 말이 없는 노예 신분이었고 상황이었으나 요셉은 다행히 목숨을 건졌습니다.

보디발 장군 아내의 유혹은 요셉이 빠진 두 번째 구덩이였습니다. 이번에도 보디발 장군이 집안 총무로 옷을 입히고 대우할 만큼 주인의 편애를 한몸에 받았으나 요셉은 전처럼 경거망동하지 않았습니다. 그런데 보디발이 편애해서 입힌 그 옷은 보디발 장군의 아내에 의해서 벗겨집니다. 첫 번째 구덩이에 빠질 때 아버지가 입혀 준 채색옷을 벗긴 것은 요셉의 형들이었습니다.

이제 요셉은 노예도 아닌 죄수가 되었습니다. 보디발 장군 집에 왕의 죄수들을 관리하는 옥이 있었는지 요셉이 그 옥에 갇히고 맙니다. 요셉의 죄목은 강간미수입니다. 참으로 치욕스러운 죄목입니다.

이 사건은 시간상으로 요셉이 이집트에 온 지 10년이 훨씬 넘은 시점인 듯합니다. 혈혈단신 노예로 팔려 와 누구보다 성실하고 충성되게 일해서 인정받는 자리에 올랐는데, 이제 그보다 못한 죄수로 전락했습니다. 요셉은 이제 죄수의 옷을 입어야 했습니다. 죄수의 옷은 그의 인생에 이보다 더 깊은 구덩이가 기다리고 있음을 암시합니다.

사랑하는 사람을 위해서 대가를 치러 본 경험이 있습니까? 이 경우 대개 그 대가로 사랑을 얻든지 다른 보상이 따르든지 합니다. 그러면 하나님을 사랑한 대가를 치러 본 적이 있습니까?

때때로 하나님을 사랑하고 충성을 다했음에도 요셉처럼 다시 구덩이에 빠지는 경험을 하기도 합니다. 인간적으로 이해하기 힘든 일입니다. 더구나 지금의 구덩이는 이전의 구덩이보다 더 심각한 상황입니다. 강간미수범이라니! 이렇게 치욕스러운 오명이 어딨습니까?

하나님과 의리를 지킨 결과가 겨우 죄수의 옷이라니요? 이것이 신앙의 본질입니다. 신앙생활을 하면서 얼마든지 일어날 수 있는 일입니다.

두 번째 구덩이에 빠졌어도

이에 요셉의 주인이 그를 잡아 옥에 가두니 그 옥은 왕의 죄수를 가두는 곳이었더라 요셉이 옥에 갇혔으나(39:20)

20절은 말끝을 흐리고 있습니다. 두 번째 구덩이에 들어갔으나…. 반전이 있음을 암시합니다. 하나님이 요셉에게 주시는 형통은 여기서 끝나지 않음을 암시합니다. 요셉으로선 할 말이 참 많은 상황이었으나 성경은 하나님이 그와 어떻게 함께하시는지를 증언합니다.

여호와께서 요셉과 함께하시고 그에게 인자를 더하사 간수장에게 은혜를 받게 하시매(39:21)

하나님은 여전히 요셉과 함께하셨습니다. 이것이 신앙의 본질입니다. 고난 가운데 있을 때 우리가 믿는 하나님이 드러납니다. 하나님의 섭리가 드러납니다. '하나님이 함께하셨다' 이것으로 성경은 요셉의 대사를 대신합니다. 동시에 감옥에서도 보디발 장군의 집에서 있었던 동일한 역사가 일어납니다. 하나님은 간수장을 통해 요셉에게 은혜를 베푸십니다. 교도관이 요셉을 신뢰하게 된 것입니다.

간수장이 옥중 죄수를 다 요셉의 손에 맡기므로 그 제반 사무를 요셉이 처리하고 간수장은 그의 손에 맡긴 것을 무엇이든지 살펴보지 아니하였으니(39:22-23)

요셉은 정치범 수용소에서도 그 제반 사무를 맡게 되었습니다. 역시 형통했던 것입니다. 요셉을 통하여 교도관이 축복을 받았고, 감옥의 행정 업무와 감옥 자체가 축복을 받았습니다. 성경은 그 이유를 다시 한번 이렇게 강조합니다.

이는 여호와께서 요셉과 함께하심이라 여호와께서 그를 범사에 형통하게 하셨더라(39:23)

다시 한번 강조하지만, 우리가 그토록 갖기 원하는 형통, 그 형통의 주어는 하나님입니다. 내가 주어가 아닙니다. 하나님께서 요셉과 함께하시므로 요셉이 어떠한 일을 하든지 형통하게 하셨습니다. 심지어 감옥에서조차.

요셉 삶의 주어가 요셉이었을 때는 사랑을 독차지하면서도 남의 허물을 들추어내고 남을 배려하지 않고 이기적으로 굴었지만, 하나님이 그 삶의 주어가 되시자 요셉이 어디에 있든지, 무슨 일을 당하든지 범사에 형통했습니다.

이것이 신앙의 본질임을 잊지 마십시오. 중요한 건 어디에 있느냐가 아닙니다. 무슨 일을 하느냐가 아닙니다. 어떤 위치에 있느냐가 중요한 게 아닙니다. 강간미수범이라는 오명을 쓰고 죄수가 된 상황에서도, 감옥에서도, 이국땅에서도 하나님은 요셉과 함께하셨습니다. 하나님이 함께하시므로 요셉의 삶은 형통했습니다.

하나님을 사랑한 대가를 치러 본 적이 있습니까?

우리 인생의 최고 자유의지는 하나님을 사랑하고, 그분의 은혜를 마음껏 누리는 것입니다. 그 대가로 일어나는 어떤 일도 두려움이 되지 않습니다. 후회가 되지 않습니다. 한번 구덩이에서 건져 주신 분은 두 번, 세 번 구원해 주실 수 있습니다. 하나님의 형통은 한시적인 형통이 아닙니다. 어떤 상황, 어떤 사건, 어떤 곳에서도 나와 함께하시는 형통입니다.

그것이 비록 나의 실수와 허물로 인한 상황일지라도 하나님은 나를 떠나시지 않습니다. 세상 끝날까지 함께하겠다고 약속하신 하나님은 르우벤을 떠나시지 않았고 유다를 떠나시지 않은 것처럼 나를 떠나시지 않습니다.

하나님의 약속은 예수님의 십자가에서 성취되었습니다. 예수님은 우리를 사랑하신 대가로 십자가를 지셨습니다. 예수님의 십자가 희생으로 우리 삶은 형통할 수 있습니다. 하나님이 주신 형통은 영원한 형통입니다.

영원한 형통함을 보장받은 나는 그분의 사랑을 위해 어떤 대가를 치르고 있습니까? 지금도 전 세계 곳곳에서는 하나님을 사랑한 대가로 목숨을 위협받는 사람들이 있습니다. 재산을 몰수당하고 창피를 당하고 욕을 당하는 사람들이 있습니다. 심지어 사형당하는 사람들도 있습니다. 매년 이집트, 미얀마, 이란, 나이지리아 등에서 예수님을 사랑한 대가를 치르는 사람들의 소식을 듣습니다. 그들이 요셉처럼 하나님을 배신하지 않고 대가를 기꺼이 치른 이유는 단 하나입니다. 그들과 함께하시는 하나님의 그 형통을 부인할 수 없기 때문입니다.

누가 우리를 그리스도의 사랑에서 끊으리요 환난이나 곤고나 박해나 기근이나 적신이나 위험이나 칼이랴 기록된 바 우리가 종일 주를 위하여 죽임을 당하게 되며 도살당할 양같이 여김을 받았나이다 함과 같으니라 그러나 이 모든 일에 우리를 사랑하시는 이로 말미암아 우리가 넉넉히 이기느니라 내가 확신하노니 사망이나 생명이나 천사들이나 권세자들이나 현재 일이나 장래 일이나 능력이나 높음이나 깊음이나 다른 어떤 피조물이라도 우리를 우리 주 그리스도 예수 안에 있는 하나님의 사랑에서 끊을 수 없으리라(롬 8:35-39)

묵상을 위한 기도

살아 계신 하나님, 잘못하지 않았으나 잘못한 사람이 되어 사람들의 비난을 받게 되었습니다. 이 억울한 상황이 빨리 지나가기를 바라지만 하나님께서 개입하시기를 기다리며 잠잠히 견딥니다. 요셉처럼 하나님의 때에 하나님의 방법으로 해결되기를 기다립니다.

요셉은 노예로, 죄수로 끊임없이 전락하는 상황에서도 사람을 탓하거나 하나님을 원망하지 않았습니다. 여전히 '하나님 앞에서' 자기 생을 살아갔습니다. 우리도 요셉처럼 다만 정직하고 성실하게 하루하루를 살아가므로 위대한 꿈의 사람으로 그 그릇이 커져 가기를 소망합니다.

그러니 하나님, 모두가 나를 외면하여 견딜 수 없을 때, 나와 함께하신다는 하나님의 음성을 듣기 원합니다. 우리가 부르짖을 때 주님의 구원의 손길이 임하는 것을 경험하기를 바랍니다. 잘 견디어 하나님의 때에 영광을 올려 드리기를 소원합니다.

예수님의 이름으로 기도드립니다. 아멘.

6장
광야 학교는
새로운 안목을 준다

창세기 40장

하나님은 감옥에서도 요셉을 형통하게 하셔서 교도관이 감옥의 제반 사무를 요셉에게 맡겼습니다. 더 이상 잃을 게 없는 가장 낮은 자리에서도 하나님은 함께하십니다. 요셉은 그의 삶을 형통케 하시는 하나님을 다시 한번 경험합니다.

하지만 감옥은 역시 감옥입니다. 여전히 형통했으나 감옥에서 벗어나고 싶습니다. 저라면 언제 이 구렁텅이에서 빠져나갈 수 있을까 조바심이 났을 것입니다. 이집트에 온 지 10년, 요셉의 고난은 10년째 계속되고 있습니다. 심지어 더 나빠진 상황입니다.

하나님은 우리의 시간표를 아십니다. 요셉은 조바심이 났겠지만 그의 나이 30세에 국무총리가 되었으니 감옥생활은 그리 길지 않을 것입니다.

요셉이 감옥에 갇힌 뒤 얼마나 시간이 흘렀을까, 보디발 장군이 관할하는 정치범 수용소에 바로의 최측근 가운데 하나인 술 맡은 관원장과 떡을 담당하는 관원장이 투옥됩니다. 우리가 잘 아는 느헤미야도 페르시아 왕의 술 맡은 관원장이었습니다. 왕이 먹고 마시는 음식을 관할한다는 것은 당시로선 아무나 할 수 있는 일이 아닙니다. 왕이 지극히 신뢰하는 사람만이 할 수 있습니다. 왕이 자신의 목숨을 믿고 맡길 수 있다면, 그 사람의 영향력은 상당했을 것입니다.

친위대장 보디발이 요셉에 대한 화가 누그러졌는지 요셉으로 하여금 두 관원장을 수종 들게 했습니다. 어느 날 두 관원장이 각각 꿈을 꾸었는데, 깨어나서도 잊히지 않는 신기한 꿈이었습니다. 이때 요셉이 그들의 꿈을 해석해 줍니다.

형들이 요셉을 죽이기로 작정한 날 그에게 붙여 준 별명은 '꿈꾸는 자'였습니다. 요셉이 꾼 꿈으로 인해 요셉은 목숨을 잃을 뻔했습니다. 그런데 지금 요셉은 이집트에서 매우 높은 지위에 있던 관원장들의 꿈을 듣고 해석하는 위치에 있습니다. 하나님은 과연 어떤 역사를 쓰시려고 자꾸 꿈을 이용하시는 걸까요?

'꿈꾸는 자' 요셉

다음 날 아침, 요셉이 두 관원장의 안색을 보니 얼굴빛이 좋지 않았습니다. 요셉이 묻습니다.

요셉이 그 주인의 집에 자기와 함께 갇힌 바로의 신하들에게 묻되 어찌하여 오늘 당신들의 얼굴에 근심의 빛이 있나이까(40:7)

두 관원장은 간밤에 꾼 꿈이 해석이 되지 않아 마음에 자꾸 걸린다고 말합니다.

그들이 그에게 이르되 우리가 꿈을 꾸었으나 이를 해석할 자가 없도다 요셉이 그들에게 이르되 해석은 하나님께 있지 아니하니이까 청하건대 내게 이르소서(40:8)

그런데 요셉은 그들의 꿈을 해석해 주겠다고 나섭니다. 꿈 때문에 미움을 받은 요셉입니다. 두 번에 걸쳐 형들과 부모의 절을 받는 매우 묘한 꿈을 꾸었으나 현실은 꿈과 전혀 다르게 자꾸 낮아지고 고개를 숙이는 일이 많습니다. 이쯤되면 꿈은 요셉에게 트라우마가 될 만합니다. 하지만 요셉은 곤란에 빠진 관원장들의 꿈을 해석해 주겠다고 자처합니다. 꿈 때문에 죽을 뻔했으면서 여전히 요 셉은 꿈에 관심이 많거니와 그 꿈이 트라우마가 되지 않았습니다.

감옥에선 자유가 더 속박됩니다. 노예가 누리던 자유도 빼앗깁 니다. 자신도 죄수로 갇혀 있으면서 곤란한 상황에 놓인 다른 사람 을 살피고 있습니다. 다른 사람들의 아픔을 공감하고 있습니다. 감 옥에서도 요셉의 형통은 확장되고 있습니다. 꿈꾸는 자 요셉은 아 버지 집에 있을 때는 자기중심적인 사람이었으나 낯선 땅 이집트에 선 이타적인 사람이 되었습니다.

꿈꾸는 자의 인생 해석

요셉은 다른 사람들의 꿈을 해석해 주면서 그 해석은 내가 아니 라 하나님이 하시는 거라고 분명히 밝힙니다.

그들이 그에게 이르되 우리가 꿈을 꾸었으나 이를 해석할 자 가 없도다 요셉이 그들에게 이르되 해석은 하나님께 있지 아 니하니이까 청하건대 내게 이르소서(40:8)

8절은 사실 요셉의 신앙고백입니다. 자기가 꿈을 꾸는 데는 탁 월하지만, 그 꿈을 주시는 분이 하나님이기 때문에, 하나님만이 그 꿈을 해석하실 수 있다고 말하고 있습니다. 꿈꾸는 자 요셉의 변화는 여기서도 나타납니다. 세상의 중심이 '나'에서 '하나님'으로 바뀐 것입니다.

요셉이 확신에 차서 말하니 두 관원은 밑져야 본전이라 여기며 꿈을 얘기합니다. 먼저 술 관원장이 말합니다.

내가 꿈에 보니 내 앞에 포도나무가 있는데 그 나무에 세 가지가 있고 싹이 나서 꽃이 피고 포도송이가 익었고 내 손에 바로의 잔이 있기로 내가 포도를 따서 그 즙을 바로의 잔에 짜서 그 잔을 바로의 손에 드렸노라(40:9-11)

포도나무에 세 가지가 있는데 거기에 싹이 나자마자 꽃이 피고 열매가 달려서 즙으로 만들어 바로에게 주었다는 것입니다. 요셉은 이에 대해 다음과 같이 해석해 줍니다.

요셉이 그에게 이르되 그 해석이 이러하니 세 가지는 사흘이라 지금부터 사흘 안에 바로가 당신의 머리를 들고 당신의 전직을 회복시키리니 당신이 그 전에 술 맡은 자가 되었을 때에 하던 것같이 바로의 잔을 그의 손에 드리게 되리이다(40:12-13)

지금부터 3일 안에 왕이 그를 불러 술관원으로 회복시킬 것이라는 겁니다. 들어 보니 그럴듯합니다. 이제 떡 맡은 관원장도 혹시 좋은 소식을 들을까 자신의 꿈을 말합니다.

나도 꿈에 보니 흰 떡 세 광주리가 내 머리에 있고 맨 윗광주리에 바로를 위하여 만든 각종 구운 음식이 있는데 새들이 내 머리의 광주리에서 그것을 먹더라(40:16-17)

하지만 떡 맡은 관원장의 꿈은 기쁜 소식이 아니었습니다.

세 광주리는 사흘이라 지금부터 사흘 안에 바로가 당신의 머리를 들고 당신을 나무에 달리니 새들이 당신의 고기를 뜯어 먹으리이다(40:18-19)

3일 안에 죽는다는 것입니다. 아무리 배짱이 좋아도, 3일 안에 죽을 것이라는 말을 감히 할 수 있는 사람이 몇이나 될까요? 더구나 만일 꿈 해석이 틀려서 아무 일도 일어나지 않는다면 무슨 봉변을 당할지 알 수 없습니다.

하지만 요셉은 이 꿈 해석이 자신이 아니라 하나님으로부터 나오는 것임을 믿었습니다. 그는 그저 들은 대로 말했을 뿐입니다.

한편, 요셉은 술 맡은 관원장에게 감옥에서 풀려 나가게 되면 자신의 무고함을 바로에게 말해 달라고 부탁합니다. 하나님이 주신 꿈 해석이 이뤄질 줄 믿으므로 요셉은 이같이 부탁할 수 있었습니다.

당신이 잘되시거든 나를 생각하고 내게 은혜를 베풀어서 내
사정을 바로에게 아뢰어 이 집에서 나를 건져 주소서 나는 히
브리 땅에서 끌려온 자요 여기서도 옥에 갇힐 일은 행하지 아
니하였나이다(40:14-15)

요셉도 꿈을 꾸었고 두 관원장도 꿈을 꾸었습니다. 우리도 꿈을
꿉니다. 요셉과 두 관원장의 차이는 무엇입니까? 어떤 인생이든 하
나님만이 그 인생을 해석하실 수 있음을 요셉은 믿었습니다. 다시
말해 인생의 주인은 하나님임을 믿었습니다. 꿈꾸는 자는 인생의
해석이 자기에게 있는 것이 아니라 하나님께 있음을 믿습니다. 그
럴 때 위험한 꿈에서 위대한 꿈으로 변화될 수 있습니다. 내 삶에 닥
친 고난이 해석되어야 그것을 능히 이겨 나갈 수 있는 힘이 생깁니
다. 꿈 해석은, 인생의 해석은, 고난의 해석은 하나님께 있음을 믿
으시기 바랍니다.

주어가 바뀌는 인생

요셉의 꿈 해석은 정확히 맞았습니다. 하나님께서 요셉에게 꿈

을 해석하는 지혜를 주신 것입니다.

> 바로의 술 맡은 관원장은 전직을 회복하매 그가 잔을 바로의
> 손에 받들어 드렸고 떡 굽는 관원장은 매달리니 요셉이 그들
> 에게 해석함과 같이 되었으나 (40:21-22)

요셉이 두 관원장의 꿈을 잘못 해석했다가는 죽을 수도 있었습니다. 당시 관원장은 왕의 비서실장 같은 사람입니다. 권력자였던 것입니다. 그런 점에서 요셉의 행동은 매우 위험합니다.

목회를 오래 하다 보면 성도의 인생이 보일 때가 있습니다. 사랑하면 보입니다. 기도하면 보입니다. 하나님께서 주시는 마음이기 때문입니다. 그런데 본문처럼 두 가지 상반된 것을 알려 주실 때가 있습니다. 하지만 말을 아낍니다. 마음을 다해 전달해도 많은 사람들이 듣지 않습니다. 보인다고, 들린다고 다 말할 수는 없습니다. 다른 사람의 인생에 대해 말하는 것은 위험하기 때문입니다.

그럼에도 리더는 미래를 볼 줄 알아야 합니다. 가정이든 직장이든 교회든 공동체를 이끌어 가는 리더는 사람들을 책임지기 위해, 사람들을 섬기기 위해 앞을 내다볼 줄 알아야 합니다. 그래서 리더는 한 영혼을 위해서도, 국가와 사회를 위해서도 눈물로 기도하는 사람입니다.

우리 안에 계신 하나님의 영은 성령님이십니다. 성령 하나님은

성부 하나님의 깊은 생각을 우리에게 알려 주십니다. 우리의 깊은 내면도 헤아려 아서서 하나님께 눈물로 기도로 알리십니다. 나의 과거와 현재, 미래를 다 아시는 하나님께 내 삶을 맡기는 것이 가장 안전합니다.

요셉은 인생의 주인이 자신인 줄 알았으나 구덩이에 빠졌을 때 스스로 구원할 수 없다는 걸 알았습니다. 구원은 바깥으로부터 오는 것이기 때문입니다. 이때부터 요셉의 인생에서 주어가 바뀌었습니다. 나에서 하나님으로. 그러자 하나님께서 요셉의 인생에 적극 개입하셔서 구덩이에서 건져 주시고 어떤 상황에서도 형통하게 하셨습니다.

구덩이에 빠졌을 때 우리가 물을 것이 있습니다. 가장 낮은 자리인 감옥에 갇혔을 때 우리가 물을 것이 있습니다. "하나님 왜요? 이제 어떻게 해야 합니까?"

그런데 먼저 그분의 말씀을 들을 준비를 해야 합니다. 절망하고 있으면 그분의 음성을 들을 수 없습니다. 듣고 싶은 것만 듣겠다 한다면 준비된 것이 아닙니다. 하나님께 질문할 때 말씀을 들을 준비는 바로 순종입니다. 어떤 말씀을 하시든지 듣겠다는 마음이 준비된 마음입니다.

하나님은 우리에게 늘 말씀하십니다. 예배를 통해, 말씀을 통해, 기도를 통해, 사람을 통해, 사건과 상황을 통해 끊임없이 말씀하십니다. 우리가 듣지 못하는 것은 순종을 준비하지 않았기 때문입니다.

요셉처럼 꿈꾸는 자입니까? 하나님을 전적으로 의지해야 위험한 꿈에서 위대한 꿈으로 변화할 수 있습니다.

애굽이 흉년에도 굶주리지 않고 평화로울 수 있었던 건 바로의 선함과 결단 때문이 아닙니다. 요셉이라는 리더가 있었기 때문입니다. 세상의 시선으로 보면 당시 리더는 바로일지 모르나 역사를 이끌어 가시는 하나님의 시선으로 보면 당시 리더는 요셉이었습니다. 꿈꾸는 자 요셉으로 인해 이집트가 흉년에도 구원받는 축복을 받을 수 있었습니다. 요셉에서 비롯된 형통이 이집트 전체로 흘러간 것입니다.

하나님은 이 시대에도 요셉과 같은 믿음의 리더를 찾으십니다. 우리를 구원하기 위해서입니다. 꿈꾸는 자로서 위험한 꿈을 위대한 꿈으로 변화시켜 나가기를 축원합니다.

광야 학교에서 새로운 안목을 얻다

술 맡은 관원장이 요셉을 기억하지 못하고 그를 잊었더라(40:23)

그러나 술 맡은 관원장은 요셉의 도움을 곧 잊어버립니다. 어떻게 그런 신비한 경험을 하고서 잊어버릴 수 있을까요? 하지만 사람은 값없이 은혜를 받고도 곧 잊어버릴 수 있는 존재입니다. 그래서 도움을 줄 때 받을 것을 기대해서는 안 됩니다. 예수님도 열 명의 한센병자를 고치셨으나 오직 한 명만 돌아와 감사 인사를 드렸습니다.

그리스도인은 끝을 아는 사람들입니다. 그리스도인은 그 미래를 이끄시는 분이 하나님임을 믿습니다. 하나님이 주시는 형통은 모든 일(여기에는 우리의 실수와 허물도 포함됩니다)이 합력하여 선을 이루는 것입니다. 요셉은 인지하지 못했지만 요셉의 감옥 생활은 앞으로 그가 맡을 일들을 위한 훈련 과정입니다. 요셉은 이집트 전체를 다스릴 인물입니다.

노예 생활 중에도 요셉은 주인의 신임을 얻고 조직을 다스리는 법을 배웠습니다. 감옥에서도 교도관을 도우면서 조직 사회를 배웠습니다. 그리고 무엇보다 요셉은 정치범 수용소에서 수많은 정치인들을 만났고, 그들에게서 애굽의 정치와 경제, 문화, 종교를 배울 수 있었습니다.

이렇듯 광야 학교는 우리에게 새로운 안목을 갖게 하는 장소입니다. 우리가 인생에서 깊이 깨닫고 회개하고 뉘우치고 진지하게 배우는 시간은 구덩이에 있을 때입니다. 광야에 있을 때입니다. 예루살렘에 높이 올라갔을 때가 아닙니다.

악인의 형통은 예루살렘 꼭대기에서 이루어지나 곧 영원한 불구덩이로 추락하게 됩니다. 그러나 의인의 형통은 불구덩이에서도 회개하며 다시 일어서게 됩니다.

요셉은 당시 몰랐지만, 지금 그가 꾼 꿈은 이뤄지고 있는 중입니다. 위험한 꿈에서 위대한 꿈으로 변화되고 있습니다.

사람들에게는 잊힐 수 있습니다. 환경이 변할 수 있습니다. 그러나 창조주 하나님은 나를 결코 잊지 않으십니다. 나를 사랑한 대가로 아들을 희생시키셨는데 어떻게 나를 잊으실 수 있겠습니까? 사랑하는 자는 잊지 않습니다. 은혜를 받은 자는 잊곤 하지만 은혜를 베푸는 자는 잊어버리지 않습니다. 잊지 않을 뿐 아니라 나의 위험한 꿈을 위대한 꿈으로 변화시키십니다.

모든 사람 안에는 선이 없습니다. 선을 흉내 낼 뿐 우리는 다 죄인입니다. 우리가 선하게 태어나서 선한 일을 행하는 것이 아니라, 하나님께서 일반 은총 가운데 선을 행하라고 말씀해 주시므로 선을 행할 수 있습니다. 믿지 않는 사람들에게도 일반 은총으로 선한 명령을 하십니다.

구약의 페르시아 왕 고레스, 신약의 로마 군인 백부장 고넬료가 그런 경우입니다. 하나님의 선한 명령을 듣고 실천하는 사람들이 있어서 사회가 조화를 이루며 발전할 수 있는 것입니다. 하나님의 영으로 구원받은 사람은 하나님의 음성을 듣고 꿈을 꿉니다. 하나님의 음성을 들을 때 우리가 준비할 것은 순종입니다. 순종으로 하나님이 주시는 꿈을 꾸고 순종으로 그 꿈이 위대한 꿈이 되기를 축복합니다.

묵상을 위한 기도

살아 계신 하나님, 끝없이 건조한 바람이 부는 사막을 걷는 것 같은 오늘입니다. 앞이 보이지 않는 답답함이 가득한 오늘입니다. 하나님의 능력으로 이 짙은 안개는 걷히고 찬란한 빛 가운데로 이끌어 주시길 원합니다. 그러나 나의 과거와 현재, 미래까지도 하나님의 시간 계획표에 있으므로, 하나님만이 내 인생을 해석할 수 있으므로, 매 순간을 하나님께 맡깁니다. 하나님이 주인 된 매 순간이 되기를 소원합니다.

힘든 상황에 매몰되어 하나님의 음성을 듣지 못할 때 그럴수록 말씀을 청종하는 순종의 마음이 준비될 수 있도록 인도하여 주옵소서. 광야에 있을 때 더욱 하나님의 음성을 또렷이 들을 수 있도록 이끌어 주옵소서. 광야의 시간을 지나는 지금, 하나님의 안목을 얻기를 소원합니다.

예수님의 이름으로 기도드립니다. 아멘.

7장
하나님의 시간은
모두 내려놓을 때 임한다

창세기 41:1-16

요셉이 강간미수라는 오명을 쓰고 감옥에 갇혔으나 하나님이 함께하시므로 감옥의 제반사무를 도맡게 됩니다. 그때 사회적으로 꽤 높은 지위에 있던 술 맡은 관원장과 떡 맡은 관원장이 옥에 갇히게 되었고, 요셉이 그들이 꾼 꿈을 해석해 주는 일이 벌어집니다.

요셉은 꿈 해석은 하나님만이 할 수 있다면서 술 맡은 관원장에게 자신의 억울함을 호소하며 복직을 해서 옥을 나가게 되면 자신을 돌아봐 달라고 부탁합니다. 하지만 요셉이 꿈을 해석해 준 대로 술 맡은 관원장은 자유의 몸이 되어 옥을 벗어났으나 요셉을 잊어버립니다. 그가 옥을 나간 뒤 성경은 이렇게 말합니다.

만 이 년 후에[41:1]

할 말이 없습니다. 술 맡은 관원장이 복직되어 옥을 벗어난 지 만 2년이 지났다는 겁니다. 이 말은 요셉이 감옥에서 2년 이상 있었다는 것입니다.

2년이란 시간은 두 가지 의미가 있습니다. 하나는 '크로노스'(Χρόνος: Chronos)의 시간입니다. 우리 모두에게 주어진 24시간이라는 시간, 해가 뜨고 지는 시간, 연대기적 시간입니다. 누구도 거스를 수 없는 생로병사의 시간입니다. 또 하나는 '카이로스'(Καιρός: Kairos)의 시간입니다. 이것은 신비한 시간입니다. 의미 있는 시간이고 주관적인 시간입니다. 지나갔는데도 아직 영향력이 있는 시간입니다. 영적인 의미에서 2년은 요셉을 위해 준비하신 하나님의 때, 카이로스의 시간입니다.

우리는 성경을 읽으며 술 맡은 관원장이 권력자니까 감옥에서 벗어난 뒤 요셉에게 감사의 보상을 할 것이라고 기대했습니다. 하지만 그는 곧 잊어버렸고 2년이라는 시간이 더 흘렀습니다. 술 맡은 관원장이 원망스럽습니다. 그런데 하나님 관점에서 보면 아직 때가 이르지 않았을 뿐입니다.

누구를 믿는가?

만 이 년 후에 …(41:1)

요셉이 술 맡은 관원장의 꿈을 해석해 준 지 2년이나 지났습니다. 노예로 거의 10년, 감옥에서 2년. 이런 시련이 연속해서 닥친다면 우리는 절망하다 못해 하나님을 원망할 것입니다. 영적으로도 지치고 심지어 우울증에 빠질 수도 있습니다. 침례 요한도 기다리다 지쳐 "우리가 기다려야 할 분이 당신입니까?"라고 의문을 가졌지요(마 11:3). 크로노스의 시간을 사는 인간은 곧잘 지치고 절망하고 원망합니다.

그런데 이 시간에 우리는 크게 세 가지를 배울 수 있습니다. 인내와 순종 그리고 신뢰(믿음)입니다. 이는 광야 학교에서 하나님과의 관계에서 배우고 훈련되는 영적 능력입니다. 욥이 극심한 고난을 당하면서 고난을 주시는 분도 고난을 거둬 가실 분도 하나님이라 고백했지요. 욥은 인내로 순종하며 믿음이 더 강고해진 대표적인 성경 인물입니다. 우리가 고난 가운데 있을 때 인내와 순종, 신뢰(믿음)의 클래스를 마칠 때마다 하나님께서 영적 훈장을 하나씩 달아 주십니다. 인내와 순종, 신뢰는 영적 전쟁에서 능히 이길 수 있는 창과 방패입니다.

한편, 하나님은 이 2년의 시간 동안 요셉이 이집트를 알아 가도록 훈련하셨습니다. 요셉이 갇혀 있는 곳은 일반 범죄자들의 교도소가 아니라 정치범을 수용하는 형무소였습니다. 각계 각층의 사람들을 만나고 그들을 수발 들면서 요셉은 이집트의 정치와 경제, 문화, 사회를 섭렵할 수 있었습니다.

이제 하나님의 때가 되매 하나님은 이집트 왕을 겸손하게 하십니다.

만 이 년 후에 바로가 꿈을 꾼즉 자기가 나일강가에 서 있는데(41:1)

천하의 이집트 왕 바로가 풍요의 상징인 나일강가에 홀로 서 있습니다. 마치 형 에서를 만나러 가기 전 얍복강가에서 하나님을 독대한 야곱처럼 말입니다.

보니 아름답고 살진 일곱 암소가 강가에서 올라와 갈밭에서 뜯어먹고 그 뒤에 또 흉하고 파리한 다른 일곱 암소가 나일강가에서 올라와 그 소와 함께 나일강가에 서 있더니 그 흉하고 파리한 소가 그 아름답고 살진 일곱 소를 먹은지라 바로가 곧 깨었다가 다시 잠이 들어 꿈을 꾸니 한 줄기에 무성하고 충실한 일곱 이삭이 나오고 그 후에 또 가늘고 동풍에 마른 일곱 이삭이 나오더니 그 가는 일곱 이삭이 무성하고 충실한 일곱

이삭을 삼킨지라 바로가 깬즉 꿈이라(41:2-7)

바로는 꿈을 꿉니다. 그런데 그 꿈이 쉽게 무시하기 어려운, 어쩐지 두렵고 흉흉한 꿈입니다. 아무리 천하를 호령하는 이집트의 왕이라도 전능자 앞에서는 무력한 일개 인생일 뿐입니다. 감옥에 갇힌 요셉이나 천하를 다스리는 이집트 왕이나 전능자 앞에서는 연약한 존재일 뿐입니다. 그래서 모든 존재는 "두려워하거나 놀라지 말라 이 전쟁은 너희에게 속한 것이 아니요 하나님께 속한 것이니라"(대하 20:15)고 한 하나님의 말씀을 붙들고 잠잠히 하나님을 바라보는 카이로스의 시간이 필요합니다. 하나님은 그 시간 동안 우리를 인내와 순종, 믿음의 용사로 빚어 가실 것입니다.

누구를 의지하고 있는가?

아침에 그의 마음이 번민하여 사람을 보내어 애굽의 점술가와 현인들을 모두 불러 그들에게 그의 꿈을 말하였으나 그것을 바로에게 해석하는 자가 없었더라(41:8)

왕은 꿈에서 깬 뒤 두렵습니다. 현실보다 더 선명한 그 꿈이 그의 마음을 두렵게 만듭니다. 꿈이 의미하는 바가 무엇인지 이집트의 마술사와 점술사들을 불러 묻습니다. 꿈으로 인해 생긴 번민을 이집트 왕은 점술에 의지하고자 합니다.

다 가지고 다 이룬 듯해도 걱정으로 잠이 오지 않을 때가 있습니다. 너무 가난해도 내일 일이 걱정되어 잠이 오지 않지만, 너무 많이 가져도 어떻게 지킬까 걱정되어서 잠이 오지 않습니다. 마음의 문제는 세상의 것으로 해결할 수 없습니다. 그래서 잠언서는 "모든 지킬 만한 것 중에 더욱 네 마음을 지키라 생명의 근원이 이에서 남이니라"(잠 4:23)고 충고합니다. 마음을 지키는 일이 쉽지 않습니다.

문제는 이 마음의 문제를 세상의 것으로 해결하려 하면 더 깊은 수렁에 빠질 뿐이라는 것입니다. 영의 일을 부질없이 썩어질 것으로 대체하려는 것입니다.

인생의 구덩이에 빠졌을 때 당연히 울부짖으며 빠져나갈 궁리를 해야 합니다. 그러나 궁극적으로 구덩이에서 우리를 건지실 이는 하나님입니다. 그래서 인생의 구렁텅이에 빠졌을 때는 인생의 주인이신 하나님을 의지해야 합니다. 세상적인 방법으로 해결하려는 습관을 버려야 합니다.

하나님의 시간은 내가 붙들 수 있는 모든 것을 내려놓을 때 임합니다. 이집트 왕은 세상적인 방법으로 번민과 두려움을 주는 이 상황을 빠져나가려 하지만 그렇게 해서는 하나님의 시간이 임하지 못합니다.

하나님께서 일하신다

하나님은 어떤 일을 행하실 때 한 사람을 준비시키십니다. 이제 하나님이 카이로스의 시간 동안 준비시킨 요셉이 등장할 타임입니다.

이집트의 모든 지혜자와 점술가를 동원했으나 이집트 왕은 시원한 대답을 듣지 못했습니다. 이 꿈은 하나님으로부터 온 꿈이기 때문입니다. 이때 술 맡은 관원장이 요셉을 떠올립니다. 기가 막힌 하나님의 타이밍입니다.

술 맡은 관원장이 바로에게 말하여 이르되 내가 오늘 내 죄를 기억하나이다 바로께서 종들에게 노하사 나와 떡 굽는 관원장을 친위대장의 집에 가두셨을 때에 나와 그가 하룻밤에 꿈을 꾼즉 각기 뜻이 있는 꿈이라 그곳에 친위대장의 종 된 히브리 청년이 우리와 함께 있기로 우리가 그에게 말하매 그가 우리의 꿈을 풀되 그 꿈대로 각 사람에게 해석하더니 그 해석한 대로 되어 나는 복직되고 그는 매달렸나이다(41:9-13)

이제, 모든 역사의 시간표가 요셉을 가리키고 있습니다. 이 타이밍은 하나님이 준비하고 마련하신 것입니다. 나는 그저 인내하며, 순종하고, 믿음을 훈련할 뿐입니다. 내가 이 시간표를 짤 수 없습니다.

자식에게 음식을 해주는 어머니의 손길만큼 바쁘고 즐거운 손놀림이 있을까요? 하나님도 그런 심정이십니다. 그리고 엄마가 맛있는 음식을 해 놓고 자녀를 부를 때, "네" 하고 쪼르르 달려오는 자식의 모습만큼 기쁜 것이 있을까요? 우리의 꿈이 클수록 하나님은 더 기쁘게 준비하십니다. 하나님이 준비하신 음식을 맛있게 먹고 소화할 수 있도록 우리의 그릇을 키우십니다.

요셉은 형들이 파 놓은 구덩이에서, 이집트의 노예와 죄수로 살면서 하나님이 준비하신 꿈을 소화할 수 있도록 그 그릇을 키워 갔습니다. 하나님의 때에 부르심을 받고 달려갈 수 있도록 훈련되었습니다. 이제 하나님의 때가 왔습니다. 요셉이 역사의 무대에 등판할 때입니다. 이때는 누구도 만들 수 없고 누구도 막을 수 없습니다. 하나님만이 이때를 준비하시고 마침내 꿈을 펼쳐 보이십니다.

크로노스의 시간을 뚫고 카이로스의 시간으로

훈련된 병사만이 전쟁에서 용감하게 싸울 수 있습니다. 하나님께서 내 인생을 사용하실 것이라는 믿음이 분명하면 하나님의 훈련을 충실히 받을 수 있습니다. 순종으로 하나님의 음성을 들을 준비를 할 수 있습니다. 여러분은 훈련된 병사입니까?

영화의 한 장면을 상상해 봅시다. 주인공은 전직 특수부대 출신으로 제대 후 결혼해서 평범한 일상을 살아갑니다. 그러다 아들이 괴한에게 납치당하는 사건이 벌어집니다. 특수부대에 속해 일할 때 그가 소탕한 테러리스트들의 복수극이었던 겁니다. 전직 특수부대 아빠는 아들을 구하기 위해 비장하게 전투복으로 갈아입고 예전에 쓰던 무기들을 비밀 창고에서 꺼내 듭니다. 주인공은 거울 앞에서 출격을 위한 준비가 되었는지 다시 확인합니다. 마침내 출격!

이에 바로가 사람을 보내어 요셉을 부르매 그들이 급히 그를 옥에서 내놓은지라 요셉이 곧 수염을 깎고 그의 옷을 갈아입고 바로에게 들어가니(41:14)

바로의 명령으로 마침내 신하들이 요셉을 데려왔습니다. 감옥 탈출! 요셉은 왕 앞에 서기 위해 수염을 깎고 목욕재계를 한 뒤 무기를 듭니다. 어떤 무기입니까?

그 무기는 그동안 자신에게 상처 준 사람들을 복수할 칼과 창이 아닙니다. 오랜 시간 인내하며 갈고 닦은 영적 능력입니다.

바로가 요셉에게 이르되 내가 한 꿈을 꾸었으나 그것을 해석하는 자가 없더니 들은즉 너는 꿈을 들으면 능히 푼다 하더라(41:15)

바로의 꿈을 해석하는 이가 아무도 없었다고 합니다. 이제 네가 한번 해보라고 합니다. 요셉에게 일생일대 절호의 기회가 왔습니다. 헬라인들은 이것을 카이로스의 우연한 기회라고 말하지만, 우리는 이것이 하나님이 주시는 카이로스의 섭리라는 것을 압니다. 요셉은 기다렸다는 듯이 말합니다.

요셉이 바로에게 대답하여 이르되 내가 아니라 하나님께서 바로에게 편안한 대답을 하시리이다(41:16)

놀라운 신앙고백입니다. 보디발 장군의 아내가 요셉을 유혹할 때 그가 한 말과 같은 고백입니다. 2년 전 술 맡은 관원장의 꿈을 해석하면서 요셉이 한 고백과 같습니다. 요셉은 이집트 왕이라고 해서 자신의 신앙을 숨기지 않습니다. 크든 작든 높든 낮든 상관없이 요셉은 동일한 고백을 하고 있습니다.

요셉이 영적 근육을 키운 곳은 사실 헤브론이 아니었습니다. 배신의 구덩이, 노예의 구덩이, 감옥의 구덩이였습니다. 거기서 요셉은 이집트 전역을 다스릴 만한 영적 근육을 키웠습니다. 요셉의 크로노스의 시간은 줄어들고 카이로스의 시간이 늘어났습니다.

세상은 그것을 운수나 기회라고 이야기하지만, 우리는 그것을 인생을 계획하시는 하나님의 섭리라고 믿습니다. 모든 인생에는 하나님의 타이밍이 있습니다.

우리는 모두 크로노스의 시간을 살아갑니다. 이것은 하나님의 일반 은총입니다. 그러나 그리스도인은 크로노스의 시간을 활용하여 카이로스의 시간을 살아가는 사람들입니다. 하나님의 때를 기다리며 영적 훈련을 하는 사람들입니다.

우리가 주인으로 모시는 예수님도 크로노스의 시간을 뚫고 오셔서 카이로스의 시간을 사셨습니다. 십자가에 못 박히는 고통의 크로노스 시간을 뚫고 온 인류를 구원하는 카이로스의 시간을 창조하셨습니다. 하나님이 택하신 유다 가문에 어떻게 다말이, 기생 라합이, 밧세바가 이름을 올린단 말입니까?

하나님은 크로노스의 시간을 뚫고 카이로스의 시간을 만드십니다. 고난 가운데 있습니까? 하나님께서 크로노스의 이 시간을 뚫고 카이로스의 시간을 창조하실 것입니다. 크로노스의 삶을 사는 하나님의 백성을 위해 카이로스의 시간을 이루시는 것, 이것이 하나님의 신비한 섭리입니다.

하나님은 우리를 사랑하기 위해 십자가에서 그 대가를 치르셨습니다. 그러니 하나님의 때가 내게 임한다는 사실을 믿으십시오. 내가 구덩이에 있든지, 감옥에 있든지, 굴욕적인 노예의 집에 있든지 하나님께서 우리 인생을 이끌어 가십니다. 우리도 요셉처럼 카이로스의 시간이 되면 꿈이 해석되고 인생이 해석되어 하나님의 축복을 주변에 흘려보내는 형통한 자가 될 수 있습니다. 그러니 지금은 준비하십시오. 지금은 훈련을 잘 받으십시오.

묵상을 위한 기도

　살아 계신 하나님, 우리가 크로노스의 시간을 살아갈 때 하나님은 카이로스의 시간을 만들고 계심을 믿습니다. 하나님은 카이로스의 시간이 임하기까지 끝없이 우리의 교만의 힘, 욕망의 힘, 소욕의 힘을 빼십니다. 대신에 인내와 순종, 신뢰의 영적 근육을 키우십니다. 하나님의 때에 요셉처럼 쓰임 받을 수 있도록 우리도 단련되기를 소원합니다.

　세상은 우리의 형통을 보고 운이 좋다고 말하지만, 우리는 인생의 계획표를 갖고 계신 하나님의 섭리라는 것을 압니다. 하나님이 우리를 크고도 위대한 꿈의 사람으로 빚고 있음을 압니다. 크로노스의 시간을 통과해 카이로스의 시간을 맞았을 때, 우리도 요셉처럼 누구에게든지 어떤 상황에서든지 살아 계시는 하나님, 전능하신 하나님, 역사의 주인 되시는 하나님을 증언하기를 소원합니다.

　예수님의 이름으로 기도드립니다. 아멘.

DIVINE PROVIDENCE

Part 3

인간의 자유의지에서
하나님의 섭리가 이끄는 삶으로

HUMAN FREEWILL

8장
경계를 넘어 하나님이 함께하시는 형통의 삶으로

창세기 41:17-36

요셉의 내러티브에서 등장하는 두 가지 갈등 요소는 '나'와 '하나님'입니다. 신앙생활은 나와 하나님 사이의 주도권 싸움입니다.

요셉은 아버지 야곱의 편애 속에서 자기애가 한없이 높아졌던 사람입니다. 그가 입은 채색옷은 자기 안에 오로지 자기만 채워진 요셉의 영적 상태를 상징합니다. 그렇게 17년을 살았습니다. 그런 요셉의 자기애가 철저히 깨지기 시작했습니다. 구덩이에서, 이집트 보디발의 노예로 전락해서, 강간미수의 오명을 쓰고 감옥에 갇혀서 요셉은 자아가 철저히 깨져 갔습니다.

요셉이 고비마다 넘어야 했던 고난은 그를 성장시키고 하나님의 사람으로 변화시켜 갔습니다. 그런데 모든 사람에게 고난이 성장의 기회가 되는 것은 아닙니다. 때로 고난은 사람을 죽이기도 합니다.

고난이 성장의 기회가 되려면, 관건은 고난 중에 하나님을 만나느냐입니다. 하나님의 은혜를 경험함으로 자기를 부인하고 하나님을 주인 삼아야 고난은 성장의 발판이 됩니다.

생각해 보면 교회는 참으로 역설적인 공동체입니다. 교회 공동체의 구성원이 되려면 먼저 예수님의 제자가 되어야 합니다. 예수님의 제자가 되는 첫째 조건은 자기를 부인하는 것입니다. 그런데 구한말 한반도에 기독교가 들어왔을 때, 당시 사회에서 철저하게 소외되고 억압당하던 노비와 여성이 교회 공동체에서 리더로 활약했습니다. 자기를 부인하고 예수님을 내 삶의 주인으로 모심으로써 예수의 제자로 살기 시작하자, 역설적이게도 그들을 옭아매던 사회적 억압의 사슬이 풀렸습니다.

예수님이 부활한 후 초대교회가 세워졌을 때, 교회 공동체는 기존 사회 질서에 충격을 주며 탄생했습니다. 교회는 계급과 남녀의 차별 없이 모이기를 힘썼고 함께 떡을 떼어 먹었으며 이방인이든 유대인이든 예수님 안에서 형제요 자매였습니다. 왕권이 곧 국가이던 로마 제국주의나 순혈주의를 목숨처럼 중요하게 여기던 유대 사회에 교회 공동체는 그들의 존립을 위협하는 위험한 존재였습니다.

인본주의가 신념이 된 오늘날에도 신본주의를 내세우는 교회 공동체는 위협적인 존재입니다. 현대 사회는 개인의 인권을 보장하기 위해 국가가 봉사하는 것이 당연합니다. 모든 사람이 평등하게 존중받는 것이 당연합니다. 하지만 사람이 신격화되었습니다. 자기를 부인하고 하나님께 순종하고 복종하는 삶을 살기로 작정하는 그리스도인은 현대 사회에서 이방인이나 다름없습니다.

그런데 예나 지금이나 자기를 부인하지 않는 공동체는 개인은 물론 공동체도 행복하지 못합니다. 현대인들이 공허감, 외로움, 우울증, 정신질환 등에 시달리는 이유가 여기에 있습니다.

자기를 부인하는 것은 무엇입니까? 어떻게 해야 자기 부인을 하는 것입니까?

요셉의 이야기에서 자기 부인의 역설을 우리는 발견할 수 있습니다.

내 인생의 주어는 하나님이다

마침내 요셉은 감옥에서 벗어나 바로 앞에 서게 되었습니다. 그런데 바로는 자신의 꿈을 해석해 달라고 합니다. 꿈이라면 이력이 난 요셉입니다. 바로가 요구한 꿈 해석은 요셉의 트라우마를 불러일으키는 것이지만, 한편으로 나를 한껏 뽐낼 수 있는 기회였습니다. 어쩌면 이 일로 요셉은 노예도 죄수도 벗어던질 수 있을지 모룹니다.

하지만 이때 요셉은 바로 앞에서 조금도 주저함 없이 이렇게 말합니다.

요셉이 바로에게 대답하여 이르되 내가 아니라 하나님께서 바로에게 편안한 대답을 하시리이다(41:16)

요셉이 바로에게 아뢰되 바로의 꿈은 하나라 하나님이 그가 하실 일을 바로에게 보이심이니이다(41:25)

내가 바로에게 이르기를 하나님이 그가 하실 일을 바로에게 보이신다 함이 이것이라(41:28)

바로께서 꿈을 두 번 겹쳐 꾸신 것은 하나님이 이 일을 정하셨음이라 하나님이 속히 행하시리니(41:32)

이방신을 믿는 이집트의 최고 권력자에게 요셉은 굳이 하나님의 전능하심을 증언합니다. 요셉은 확실히 위험한 꿈을 꾸는 자에서 위대한 꿈을 꾸는 사람으로 변화되었습니다. 그는 언제 어디서든 '나'가 아니라 '하나님'을 자랑합니다. 이게 쉬운 일 같습니까? 절대 쉽지 않습니다.

사탄은 하나님보다 '나'를 사랑하라고 유혹합니다. 하나님을 사랑하면 '나'가 없어지는 거라고, 그러면 불행해진다고 유혹합니다. 그런데 요셉을 보십시오. 과연 그렇습니까? 인생의 주어가 '나'에서 '하나님'으로 바뀐 요셉이 불행해 보입니까? 하나님을 사랑하므로 요셉의 존재감이 없어졌습니까?

보디발은 요셉을 '형통한 자'라고 불렀습니다. 간수장은 요셉에게 감옥의 제반 사무를 맡겼습니다. 요셉의 신실함을 주변 사람들이 인정하고 있습니다.

그리스도인은 인생의 주어가 '나'에서 '하나님'으로 변화된 사람입니다. 바울의 고백처럼 "육체와 함께 그 정욕과 탐심을 십자가에 못 박"(갈 5:24)은 사람입니다. 자기를 부인하고 예수님을 따르는 자가 곧 그리스도인입니다. 그리스도인은 요셉처럼 옛 자아를 못 박고 새사람이 된 사람입니다.

옛 사람을 버리고 육신의 정욕과 탐심을 십자가에 못 박았습니까? 예수님 안에서 새 생명으로 살고 있습니까?

자기를 부인하는 것은 하나님이 내 인생의 주어가 되는 것입니다. 하나님이 내 인생의 주어가 되려면 옛 사람을 벗어버리고 하나님이 입히신 새 옷을 입어야 합니다.

전능자의 지혜만이 인생을 해석할 수 있다

히브리 노예 출신이며 감옥에서 2년 넘게 갇혀 있던 요셉에게 이집트의 절대 권력자 바로가 자신의 꿈을 소상하게 설명합니다.

바로가 요셉에게 이르되 내가 꿈에 나일강가에 서서 보니 살지고 아름다운 일곱 암소가 나일강가에 올라와 갈밭에서 뜯어먹고 그 뒤에 또 약하고 심히 흉하고 파리한 일곱 암소가 올라오니 그같이 흉한 것들은 애굽 땅에서 내가 아직 보지 못한 것이라 그 파리하고 흉한 소가 처음의 일곱 살진 소를 먹었으며 먹었으나 먹은 듯하지 아니하고 여전히 흉하더라 내가 곧 깨었다가 다시 꿈에 보니 한 줄기에 무성하고 충실한 일곱 이삭이 나오고 그 후에 또 가늘고 동풍에 마른 일곱 이삭이 나더니 그 가는 이삭이 좋은 일곱 이삭을 삼키더라 내가 그 꿈을 점술가에게 말하였으나 그것을 내게 풀이해 주는 자가 없느니라^(41:17-24)

바로는 41장 1-7절에서보다 더 극적으로 자신의 꿈을 설명하고 있습니다. 성경학자들은 바로가 두려움에 사로잡혀서 조금 더 과장되게 묘사한 것이라고 설명합니다.

세상에 부러울 것 없는 최고 권력자인 바로는 꿈 한 번 꾸고 엄청난 두려움에 사로잡혔습니다. 인생의 주어가 '나'인 사람은 이렇듯 자주 두려움에 사로잡힙니다.

바로와 비교하면 요셉은 매우 평온하고 안정적인 모습입니다. 최고 권력자 앞이라고 주눅 들지도 않고 아첨하려 들지도 않고 그렇다고 방자하지도 않습니다.

사실 요셉도 최고 권력자 앞이니 떨리고 두렵고 긴장되었을 것입니다. 하지만 요셉 인생의 주어는 하나님이십니다. 허접한 옛 사람을 죽이고 새사람이 되었으므로 요셉은 담대할 수 있었습니다.

> 요셉이 바로에게 아뢰되 바로의 꿈은 하나라 하나님이 그가 하실 일을 바로에게 보이심이니이다 일곱 좋은 암소는 일곱 해요 일곱 좋은 이삭도 일곱 해니 그 꿈은 하나라 그 후에 올라온 파리하고 흉한 일곱 소는 칠 년이요 동풍에 말라 속이 빈 일곱 이삭도 일곱 해 흉년이니 내가 바로에게 이르기를 하나님이 그가 하실 일을 바로에게 보이신다 함이 이것이라 온 애굽 땅에 일곱 해 큰 풍년이 있겠고 후에 일곱 해 흉년이 들므로 애굽 땅에 있던 풍년을 다 잊어버리게 되고 이 땅이 그 기근으로 망하리니 후에 든 그 흉년이 너무 심하므로 이전 풍년을 이 땅에서 기억하지 못하게 되리이다(41:25-31)

요셉은 다시 하나님을 주어로 바로의 꿈을 해석하고 있습니다.

고대에 꿈은 신비 그 자체였습니다. 두려움과 경외감으로 무너진 바로에게 요셉은 조목조목 꿈을 해석하기 시작합니다.

우리가 고난을 두려워하는 이유는 첫째 고난 자체가 고통스럽기 때문이고, 둘째 미래를 알지 못하기 때문입니다. 이 고난이 언제 끝날지 모르므로 고통스럽습니다. 바로는 그의 인생에 고난이 닥칠까 두려워 꿈 해석이 그렇게 간절했던 것입니다.

그리스도인도 고난은 고통스럽습니다. 그 고난이 언제 끝날지 모르기는 마찬가지입니다. 하지만 하나님께서 사랑으로 위로하시고 소망으로 도전하시므로 견딜 수 있습니다. 나의 앞날을 아시는 하나님께서 나와 함께하시므로 소망을 가질 수 있습니다.

고난 가운데 있습니까? '나'의 세계에 갇히지 말고 전능자 하나님의 세계로 뛰어드십시오. 하나님의 지혜와 통찰로 고난을 바라보게 될 것입니다. 그러면 견딜 수 있습니다. 하나님의 지혜와 통찰로 인생을 해석할 수 있습니다.

히브리 노예 요셉이 감히 절대 권력자 바로 앞에서 하나님을 자랑하고 있습니다. 담대하게 그의 꿈을 해석하고 있습니다. 이것이 어떻게 요셉의 지혜이며 통찰일 수 있습니까? 창조자 하나님을 믿는다는 것은 이런 형통함을 입는 것입니다. 요셉처럼 세상에 대해 예언자, 지혜자로 서게 되는 것입니다.

자기를 부인하여 채색옷을 벗으면 하나님께서 그의 지혜와 통찰을 입히십니다. 자기를 부인하면 '나'의 세계에서 '하나님'의 세계로 확장됩니다. 이 세계를 경험하시기를 축원합니다.

인생의 목적은 생명 구원이다

요셉은 꿈을 해석하는 것으로 그의 임무를 다하지 않습니다. 앞으로 다가올 7년간의 대흉년을 대비할 방안까지 제시합니다. 요셉이 천하의 이집트 왕 앞에서 어느덧 국가 대계를 자문하고 있습니다. 참으로 놀랍습니다.

바로께서 꿈을 두 번 겹쳐 꾸신 것은 하나님이 이 일을 정하셨음이라 하나님이 속히 행하시리니^(미래를 보여 주신 하나님에 대한 확신) 이제 바로께서는 명철하고 지혜 있는 사람을 택하여 애굽 땅을 다스리게 하시고^(미래에 닥칠 이런 재앙을 위해 누구를 리더로 뽑으란 말인가?) 바로께서는 또 이같이 행하사 나라 안에 감독관들을 두어 그 일곱 해 풍년에 애굽 땅의 오분의 일을 거두되 그들로 장차 올 풍년의 모든 곡물을 거두고 그 곡물을 바로의 손에 돌려 양식을 위하여 각 성읍에 쌓아 두게 하소서 **이와 같이 그 곡물을 이 땅에 저장하여 애굽 땅에 임할 일곱 해 흉년에 대비하시면 땅이 이 흉년으로 말미암아 망하지 아니하리이다**^(하나님의 목적)(41:32-36)

요약하면, 앞으로 7년간 풍년이 들 것인데 그 7년 동안 곡물을 거두어 저장해 두라는 것입니다. 왜냐하면 그다음에 닥칠 7년간의 무서운 흉년을 대비하기 위해서입니다. 미래에 다가올 재앙을 준비하라는 것입니다.

그런데 인간적으로 생각해 보면, 요셉은 꿈만 해몽하고 대안은 제시하지 않을 수도 있었습니다. 요셉에게 이집트는 그리 좋은 곳이 아니었습니다. 노예로 팔려 와 억울하게 누명을 쓰고 감옥에 갇혀야 했습니다. 충성을 다했으나 돌아온 것은 늘 배신이었습니다. 요셉은 이집트에서 상처만 받았습니다. 실제로 요나 선지자는 니느웨 성의 멸망을 예언하라는 하나님의 명령을 따르기 싫어 도망을 갔습니다. 이스라엘을 괴롭히는 바벨론의 심장인 니느웨 성이 회복되는 것이 싫었기 때문입니다. 요셉도 묻는 꿈 해석만 대답하고 묻지 않은 대안은 말하지 않을 수 있었습니다.

제가 아는 어떤 선교사님은 다섯 살 때 당시 선교사였던 아버지를 잃었습니다. 다섯 살 어린 아들이 보는 앞에서 무슬림 폭도들이 아버지를 무참하게 살해했던 것입니다. 제가 그 선교사님이라면 아버지가 무참히 죽은 그 땅에 다시는 발을 딛고 싶지 않았을 것입니다. 하지만 그 선교사님은 장성하여 아버지가 죽은 그 땅에 선교사로 갔습니다. 상처뿐인 그 땅을 도리어 사랑하기로 한 것입니다. 하나님의 사랑이 아니면 이 사랑을 어떻게 설명할 수 있겠습니까?

요셉도 그랬습니다. 요셉이 바로의 꿈에 대해 대안까지 말한 것은 단지 바로만을 위한 것이 아니었습니다. 이집트가 가뭄에 대비하는 것은 이웃 가나안에 살고 있는 아버지와 형들을 위해서도 필요한 일이었습니다. 요셉은 하나님의 섭리에 조금씩 눈을 떠 가고 있습니다.

예수님을 믿는다는 것은 그런 '나'라는 경계를 뛰어넘는 일입니다. '나'라는 경계는 실은 내가 만들어 놓은 것입니다. 어떤 사람은 상처가 치유되기를 원하면서도, 상처에서 나오기를 원하지 않는 이중적인 태도를 갖습니다. 상처에서 나오면 더 이상 탓할 상대가 없어지는 것이 두렵기 때문입니다.

'나'라는 세계를 뛰어넘지 않으면 크로노스의 시간에 갇혀서 절대로 변화되지 않습니다. 변화되지 않으면 상태 유지가 아니라 반드시 변질되게 마련입니다. 매우 위험하고 무서운 일입니다. 영적 세계에서는 성장이 아니면 퇴보이지 그 중간은 없습니다.

요셉은 삶의 주어가 '나'에서 '하나님'으로 바뀌었습니다. 고난 중에 하나님을 붙드니 그의 13년간의 고난이 해석되기 시작했습니다. 요셉에게 고난의 13년은 잃어버린 13년이 아니었습니다. 지난 17년간의 허물이 용서받는 시간이었고, 하나님의 위대한 꿈을 이뤄 가는 시간이었습니다. 고난의 시간을 겪게 한 사람들을 향해 복수가 아니라 구원의 손길이 되는 사람으로 성장한 시간이었습니다. 이것이 바로 하나님의 형통입니다. '나'를 넘어 하나님의 섭리를 신뢰하는 것이 형통입니다.

그리스도인은 '나'를 넘어 세상을 구원하고 생명을 살리는 사람들입니다. 인생의 구렁텅이에서 위험한 꿈을 위대한 꿈으로 변화시키는 역사를 쓰는 사람들입니다. 그러므로 고난 가운데 있다면 이때가 인내와 순종과 믿음을 훈련하는 시간임을 잊지 마시기 바랍니다. '나'를 넘어 하나님의 세계로 들어가 하나님의 지혜와 통찰을 입는 새사람이 되는 시간임을 잊지 마십시오. 그리스도인은 이 고난을 지나 천하보다 귀한 한 영혼을 살리는 사람이 되는 것입니다.

묵상을 위한 기도

    살아 계신 하나님, 끝없이 높아지고자 하는 나를 끝까지 참고 인내하시니 감사합니다. 지난 시간을 돌이켜 보니 나의 고난은 내 삶의 주어가 하나님이라는 사실을 인정하기 위한 훈련의 시간이었음을 고백합니다. 그 훈련은 아직도 끝나지 않았습니다. 자기를 부인하는 일이 이렇게나 어렵고 지난합니다.

    하나님, 우리 삶의 주어가 '나'에서 '하나님'으로 바뀔 때 주변 사람들을 구원하는 사람으로 성장하게 됨을 믿습니다. '나의 세계'에 갇히지 않고 하나님의 세계로 뛰어들게 하옵소서.

    하나님의 지혜와 통찰을 입게 하옵소서. 지난날의 옛 사람을 십자가에 못 박고 생명을 살리는 새사람을 입혀 주옵소서. 예수님의 이름으로 기도드립니다. 아멘.

9장

하나님을 인생의 주어로 삼는
사람의 힘

창세기 41:37-45

우리는 하나님을 믿습니다. 그분이 세상을 창조하셨고 다스리시며, 구원을 위해 지금도 일하시는 줄로 믿습니다. 하지만 세상에는 하나님을 이해하는 방식이 여러 가지 있습니다. 무신론(無神論, Atheism)이 신은 존재하지 않는다고 한다면, 불가지론(不可知論, Agnosticism)은 신의 존재 여부는 알 수 없고, 있어도 인지하거나 증명할 수 없다고 주장합니다.

이신론(理神論, Deism)은 신은 우주를 창조했지만 창조 후엔 우주의 법칙에 맡길 뿐 개입도 간섭도 하지 않는다고 봅니다. 이신론에서 신은 인간과 인격적인 관계를 맺지 않습니다. 따라서 인간은 이성을 최고의 가치로 여기고 스스로 인생을 살아가야 합니다. 범신론(汎神論, Pantheism)은 신이 곧 만물이고, 만물이 곧 신이라고 믿습니다. 범신론의 특징 중 하나는 인생을 운명 또는 숙명으로 받아들인다는 것입니다. 불교와 힌두교 사상과도 관계가 깊은데, 인생의 숙명론은 불교와 닮았고, 인간을 신성화한다는 점에선 힌두교와 닮았습니다.

- 무신론: 신은 존재하지 않는다
- 불가지론: 신의 존재 여부는 알 수 없고, 있어도 인지하거나 증명할 수 없다
- 이신론: 신은 우주를 창조했지만 창조 후엔 우주에 개입하거나 간섭하지 않는다
- 범신론: 신이 곧 만물이고, 만물이 곧 신이다

이중에서 기독교 신앙과 근접한 이론이 이신론입니다. 그러나 이신론은 하나님과 창조를 인정하지만, 하나님의 섭리를 인정하지 않습니다.

그렇다면 하나님의 섭리란 무엇입니까? 웨스트민스터 소요리 문답은 이렇게 답합니다.

하나님의 섭리하시는 일은 지극히 거룩함과 지혜와 권능으로써 모든 창조물과 그 모든 행동을 보존하시며 통치하시는 일

입니다. (웨스트민스터 소요리 문답 제11문답)

하나님의 도우심으로 수백 년간 무너져 있던 예루살렘 성벽을 단 52일 만에 축성한 느헤미야 시대의 백성들은 하나님의 간섭하심을 이렇게 고백합니다.

오직 주는 여호와시라 하늘과 하늘들의 하늘과 일월 성신과 땅과 땅 위의 만물과 바다와 그 가운데 모든 것을 지으시고 다 보존하시오니 모든 천군이 주께 경배하나이다(느 9:6)

우리가 믿는 하나님은 세상을 창조하실 뿐만 아니라, 세상을 다스리시고, 구원하시며, 때에 따라 그의 은혜로 자비를 베푸시는 분입니다. 특별히 하나님을 사랑하는 자들에게는 특별한 섭리로 그들의 인생을 이끌어 가십니다.

이것이 요셉에게 그리고 그의 가문 전체에 임한 하나님의 은혜입니다.

요셉은 하나님을 경험하기 전엔 위험한 꿈을 꾸는 자였으나 하나님을 그의 인생의 주어로 삼기 시작하자 위대한 꿈을 꾸는 자로 변화되었습니다. 이제 요셉은 하나님의 섭리를 이해하기 시작했습니다. 지난 세월의 고난은 이때를 위함이라는 것을 이해하기 시작했습니다.

노예요 죄수인 요셉이 이집트의 최고 권력자 앞에서 전혀 동요함 없이 담대하게 꿈 해석을 해줍니다. 반면에 바로는 꿈 한번 꾼 것으로 두려워 떨고 있습니다. 이것이 인생의 주어가 '하나님'인 사람과 '나'인 사람의 차이입니다.

바로가 그의 신하들에게 이르되 이와 같이 하나님의 영에 감동된 사람을 우리가 어찌 찾을 수 있으리요 하고(41:38)

놀랍게도 바로와 모든 신하가 히브리 노예의 말을 끝까지 청종한 후에 그의 해석을 합당하게 여깁니다. 특히 이집트 왕은 누구도 예상치 못한 극찬을 합니다. "하나님의 영에 감동된 사람". 이집트 왕이 하나님을 믿을 리 없습니다. 그런 왕이 요셉에게서 하나님의 영이 충만함을 온 마음으로 느낀 겁니다. 과연 하나님의 영에 감동된 요셉은 어떻게 달랐을까요?

하나님의 영에 감동된 사람은 영향력을 갖는다

하나님의 영에 감동된 사람은 인생의 주어가 하나님입니다. 뿐만 아니라 그는 주변 사람들의 인생의 주어도 하나님이 되도록 영향을 끼칩니다.

요셉은 이집트 왕의 꿈을 해석하면서 적어도 4개 구절(창 41:16, 25, 28, 32)에 걸쳐 하나님이 꿈을 해석한다고 강조해서 말합니다. 우리 인생을 해석할 수 있는 분은 하나님이라는 사실을 강조하고 있는 겁니다. 우리가 내일을 두려워하고 시시때때로 평안을 잃어버리는 이유는 내가 스스로 인생을 해석하려고 하기 때문입니다. 우리 인생의 해석은 하나님만이 할 수 있습니다.

요셉은 그렇기에 자신이 하는 말은 모두 하나님의 지혜에서 온 것이며, 자신은 전달자에 불과하다는 것을 계속해서 강조했습니다. 우리는 예수 그리스도의 십자가 깃발을 들고 흔드는 사람이지 그리스도가 아닙니다. 침례 요한이 수많은 무리가 그를 좇으며 열광할 때 "나는 그리스도가 아닙니다"라고 말했듯이, 우리에게 병을 고치고 예언을 하는 능력이 있을지라도 우리는 그리스도가 아닙니다.

하나님의 영에 감동된 사람은 고백으로 끝나지 않고 주변 사람들로부터도 같은 고백을 얻어 냅니다. 하나님을 인생의 주어로 삼게 만드는 힘이 있습니다.

바로가 그의 신하들에게 이르되 이와 같이 하나님의 영에 감동된 사람을 우리가 어찌 찾을 수 있으리요 하고(41:38)

참으로 놀라운 고백입니다. 바로는 요셉을 '하나님의 영에 감동된 사람'이라고 말하고 있습니다.

요셉에게 이르되 하나님이 이 모든 것을 네게 보이셨으니 너
와 같이 명철하고 지혜 있는 자가 없도다(41:39)

요셉이 '하나님의 영에 감동된 사람'이라고 말하는 동시에 요셉
의 지혜와 명철이 하나님으로부터 나온 것이라고 말하고 있습니
다. 그리고 하나님으로부터 나온 지혜와 명철이 세상 어디에도 없
는 최고의 것이라고 높이고 있습니다. 요셉이 말끝마다 하나님이
하신 말씀이라고 하니 바로가 그 사실을 인정하는 동시에 하나님
을 칭송합니다.

안디옥 사람들도 안디옥 교회 사람들을 '그리스도인'이라고 칭송
했습니다(행 11:26). '예수의 길을 따르는 사람들'이라는 의미입니다. 말
로만 예수 믿는다 하지 않고 그들의 인생 전체로 예수 믿는 길을 보
여 준 것입니다.

리더십은 영향력입니다. 하나님의 영에 감동된 사람들은 선한 영
향력을 미칩니다. 살리는 일, 싸매는 일, 평화를 가져오는 일, 복음
을 증거하는 일, 치유하는 일, 회복시키는 일 … 하나님의 영에 감동
된 사람들로 인해 주변 사람들이 하나님을 알고 칭송하게 됩니다.

하나님의 영에 감동된 사람은 하나님의 때를 존중한다

어느 누구도 해결하지 못한 바로의 꿈을 요셉이 명철하게 해석해 내자, 바로는 요셉을 이집트에서 왕 다음으로 권한이 높은 총리에 앉힙니다. 총리는 실질적인 정치 실세로 국가 통치를 위한 제반 업무를 명령하고 처리합니다.

너는 내 집을 다스리라 내 백성이 다 네 명령에 복종하리니
내가 너보다 높은 것은 내 왕좌뿐이니라 바로가 또 요셉에게
이르되 내가 너를 애굽 온 땅의 총리가 되게 하노라 하고 자
기의 인장 반지를 빼어 요셉의 손에 끼우고 그에게 세마포 옷
을 입히고 금 사슬을 목에 걸고(41:40-42)

히브리 노예 출신이 갑자기 왕 다음으로 높은 국가 권력자가 되다니! 어떻게 이런 일이 가능할까요? 요셉은 이집트 사람도 아니고, 귀족 출신도 아니며, 그 자리에 오를 만한 업적을 보여 준 것도 아닙니다. 그럼에도 불구하고 바로는 요셉이 꿈을 해석하는 그 지혜와 통찰에 감명받아 파격적인 대우를 약속합니다. 그러고는 자신의 반지를 빼어 요셉의 손에 끼워 줍니다. 왕의 반지는 왕의 권한을 의미합니다. 마치 아들에게 왕좌를 이양하는 것과 같은 상황을 연출하고 있습니다. 또한 왕족이 입는 가장 고급스러운 세마포 옷을 요

셉에게 입힙니다.

왕이 입힌 세마포는 야곱이 입힌 채색옷을 연상시킵니다. 그렇습니다. 요셉은 인생의 중요한 순간마다 옷을 갈아입게 됩니다.

채색옷 → 노예복 → 죄수복 → 세마포

이 옷은 요셉이 원해서 입은 것이 아닙니다. 아마 요셉은 평생 채색옷을 입고 아버지 야곱 아래서 살고 싶었을 것입니다. 그러나 인생은 내 뜻대로 흘러가지 않습니다. 인생의 주인은 내가 아니기 때문입니다. 내가 입은 그 옷은 영원하지 않습니다. 하나님께서 하나님의 시간에 새로운 옷을 갈아입히십니다.

하나님은 하나님의 역사를 써 내려가는 데 하나님의 영에 감동된 사람을 들어 사용하십니다. 하나님의 역사는 당연히 하나님 혼자 써 내려가실 수 있습니다. 그러나 하나님은 하나님의 형상을 따라 창조한 인간과 동역하기를 원하십니다. 하나님은 우리가 하나님이 맡기신 일을 순종으로 충실히 해낼 때 기뻐하며 영광을 받으십니다. 이 기쁨을 위해 하나님은 사람을 만드셨습니다.

요셉은 지난 13년간 인생의 구렁텅이에서 하나님을 신뢰하는 법을 배웠습니다. 고난의 시간이었으나 결코 헛된 시간이 아니었습니다. 그것은 바로가 요셉의 손에 그의 반지를 끼워 줌으로써 입증되었습니다. 하나님은 아버지의 편애로 인해 시기와 질투를 유발하는

채색옷이 아니라 하나님의 영광을 드러내는 세마포 옷을 요셉에게
입히셨습니다.

　요셉은 광야의 한 구덩이에서, 보디발 장군의 집에서 그리고 감
옥에서 하나님과 동행하며 하나님이 정하신 그때와 계획과 섭리를
존중하는 법을 배웠습니다. 전도서에는 요셉이 고난 중에 배우게
된 지혜와 통찰이 담겨 있습니다.

> 범사에 기한이 있고 천하만사가 다 때가 있나니 날 때가 있
> 고 죽을 때가 있으며 심을 때가 있고 심은 것을 뽑을 때가 있
> 으며 죽일 때가 있고 치료할 때가 있으며 헐 때가 있고 세울
> 때가 있으며 울 때가 있고 웃을 때가 있으며 슬퍼할 때가 있
> 고 춤출 때가 있으며 돌을 던져 버릴 때가 있고 돌을 거둘 때
> 가 있으며 안을 때가 있고 안는 일을 멀리 할 때가 있으며 찾
> 을 때가 있고 잃을 때가 있으며 지킬 때가 있고 버릴 때가 있
> 으며 찢을 때가 있고 꿰맬 때가 있으며 잠잠할 때가 있고 말
> 할 때가 있으며 사랑할 때가 있고 미워할 때가 있으며 전쟁할
> 때가 있고 평화할 때가 있느니라 일하는 자가 그의 수고로 말
> 미암아 무슨 이익이 있으랴 하나님이 인생들에게 노고를 주
> 사 애쓰게 하신 것을 내가 보았노라 (전 3:1-10)

사람들은 종종 인생무상하다고 말합니다. 사는 동안 희노애락과

생로병사를 겪다가 결국 흙으로 돌아가니 얼마나 허무한 인생인가라고 말합니다. 하지만 인생의 주어는 하나님이므로 인생의 목적도 하나님께 있다고 성경은 말합니다.

하나님이 모든 것을 지으시되 때를 따라 아름답게 하셨고 또 사람들에게는 영원을 사모하는 마음을 주셨느니라 그러나 하나님이 하시는 일의 시종을 사람으로 측량할 수 없게 하셨도다(전 3:11)

모든 인생에는 하나님의 때가 있습니다. 그러나 그때는 하나님만이 아십니다. 하나님의 영에 감동된 사람은 하나님의 때를 기다리며 오늘을 충실히 삽니다. 하나님의 때가 이르지 않을 때에도 하나님의 인도하심과 계획하심을 믿고 견딥니다. 그에게는 세상이 흔들 수 없는 평강과 평안이 있습니다.

하나님의 영에 감동된 사람은 하나님 앞에서 자신을 낮춘다

자기에게 있는 버금 수레에 그를 태우매 무리가 그의 앞에서 소리 지르기를 엎드리라 하더라 바로가 그에게 애굽 전국을 총리로 다스리게 하였더라 바로가 요셉에게 이르되 나는 바로라 애굽 온 땅에서 네 허락이 없이는 수족을 놀릴 자가 없으리라 하고^(41:43-44)

창조주 하나님의 다스리심을 믿는 사람은 하나님이 높이시면 낮출 자가 없고 하나님이 낮추시면 높일 자가 없다는 것을 믿고 경험하는 사람입니다. 요셉이 지금 그것을 경험하고 있습니다. 억울한 죄수에서 갑자기 모든 사람이 우러러보는 자리에 올랐습니다. 이 자리를 감당할 그릇이 아니라면 마냥 좋아할 상황이 아닙니다. 매우 위험한 상황일 수 있습니다.

하나님은 우리를 사용하기 위해 환경을 만들어 사람을 붙이시고 자리를 높이실 때가 있습니다. 이때 교만하지 않는 것이 중요합니다. 높아질 때가 사실 가장 위험한 때입니다. 하나님이 높이실 때 넘어지는 사람을 많이 보았습니다. 낮은 자리에 있었을 때와 동일하게 하나님이 주어인 인생을 유지할 때, 진정으로 형통한 자가 될 수 있습니다. 그래서 야고보는 이렇게 충고합니다.

주 앞에서 낮추라 그리하면 주께서 너희를 높이시리라^(약 4:10)

하나님은 다윗을 이스라엘의 왕으로 높이시기까지 수없이 낮추셨습니다. 왕관을 감당할 수 있는 그릇으로 만들기 위한 과정이었지요. 10년 넘게 광야에서 사울을 피해 쫓겨 다니면서도 다윗은 인생의 주인이 하나님임을 계속해서 고백했습니다. 시편에 다윗의 고백이 담겨 있습니다. 모세 또한 40년간 미디안 광야에서 훈련을 받은 뒤에야 이스라엘 백성을 애굽에서 가나안으로 인도하는 리더가 되었습니다.

주 앞에서 낮춘다는 것은 모든 인생의 고비에서 하나님을 의지한다는 뜻입니다. 성경에서 겸손은 단순히 낮추는 것을 말하지 않습니다. 어떤 고난과 위기 가운데서도 하나님만 의지하는 것을 말합니다. 하나님 앞에서 낮추는 자는 형통한 자입니다. 낮은 곳이든지 높은 곳이든지 하나님만 붙드므로 하나님이 주시는 형통을 경험하는 자입니다.

요셉은 높아진 뒤에도 형통한 자였습니다. 하나님 앞에서 낮추었기 때문입니다. 요셉의 고난은 놀랍고도 빛나는 형통의 길이었습니다.

> 이것들은 다 주께서 때를 따라 먹을 것을 주시기를 바라나이다 주께서 주신즉 그들이 받으며 주께서 손을 펴신즉 그들이 좋은 것으로 만족하다가 주께서 낯을 숨기신즉 그들이 떨고 주께서 그들의 호흡을 거두신즉 그들은 죽어 먼지로 돌아가나이다(시 104:27-29)

하나님의 영에 감동된 사람은 시편 기자의 고백처럼 인생이 하나님의 손안에 있음을 믿습니다. 내가 부족할 때 공급하시는 분도, 내가 피곤할 때 힘을 주시는 분도, 내가 방황할 때 나를 인도하시는 분도 하나님이십니다.

요셉처럼 우리도 인생에서 다양한 옷을 입게 됩니다. 낮아지고 더 낮아지는 옷을 입기도 하고 시기와 질투를 받는 옷을 입기도 합니다. 억울하고 통탄할 옷을 입기도 합니다. 이 모든 다양한 옷을 잘 견디고 이기면, 하나님의 영에 감동되면, 종국에는 하나님의 영광을 드러내는 예수 그리스도의 거룩의 옷을 입게 될 것입니다.

사실 우리는 이미 예수 그리스도를 내 삶의 주인으로 고백함으로써 옛 사람의 옷을 벗어버리고, 예수 그리스도의 보혈의 새 옷으로 갈아입었습니다.

너희는 유혹의 욕심을 따라 썩어져 가는 구습을 따르는 옛 사람을 벗어 버리고 오직 너희의 심령이 새롭게 되어 하나님을 따라 의와 진리의 거룩함으로 지으심을 받은 새사람을 입으라.(엡 4:22-24)

그리고 삶을 마친 후에는 영원한 옷을 입게 될 것입니다.

그러므로 너희가 이제 여러 가지 시험으로 말미암아 잠깐 근심하게 되지 않을 수 없으나 오히려 크게 기뻐하는도다 너희

믿음의 확실함은 불로 연단하여도 없어질 금보다 더 귀하여 예수 그리스도께서 나타나실 때에 칭찬과 영광과 존귀를 얻게 할 것이니라(벧전 1:6-7)

우리는 예수 그리스도의 칭찬과 영광과 존귀의 옷으로 갈아입게 될 것입니다. 그것은 누구도 벗길 수 없고 빼앗을 수 없는 영광스러운 옷으로, 요셉이 입은 세마포와는 비교할 수 없는 옷입니다. 우리는 그 옷을 입고 천국에 입성할 것입니다.

묵상을 위한 기도

살아 계신 하나님, 요셉은 이방 왕 바로로부터 '하나님의 영에 감동된 사람'이라는 극찬을 들었고, 안디옥 교회 사람들은 '그리스도인'이라는 인정을 받았습니다. 하지만 오늘 사람들은 우리와 교회를 믿지 못하겠다고 말합니다. 되도록 멀리하는 게 좋다고 말하기까지 합니다.

여기가 바로 요셉이 빠진 구덩이이고 요셉이 갇힌 감옥이라는 것을 깨닫습니다. 여기가 바로 우리가 어떤 상황, 어떤 위치와 상관없이 하나님과 함께하는 형통을 세상에 증명해 보여야 할 곳임을 깨닫습니다. 여기서 우리가, 우리 교회가 생명을 살리고 상처를 싸매고 평화를 가져오는 선한 영향을 끼치는 하나님의 사람으로 설 수 있게 하옵소서. 낮은 자리에 있든 높은 자리에 있든 겸손하게 하나님을 높일 때, 하나님께서 우리를 독수리 날개 치듯 올라가게 하실 것을 믿습니다. 또한 어느 누구도 벗길 수 없고 찢을 수 없고 빼앗을 수 없는 예수 그리스도의 영광과 존귀의 옷을 입게 하실 줄 믿습니다.

예수님의 이름으로 기도드립니다. 아멘.

10장
형통의 삶은 다음 세대에도 흘러야 한다

창세기 41:46-57

요셉의 이야기는 사실 야곱 가문의 서사입니다. 아버지 야곱의 요셉에 대한 편애는 형들로 하여금 시기와 질투를 일으켜 요셉을 노예로 팔아 버리게 만듭니다. 형들 중 유다는 며느리 다말에게서 자식을 지키려다 그 꾀에 넘어가 망신을 당하고 다말과의 사이에서 자녀를 갖게 됩니다. 하나님이 택하신 가정에 기가 막힌 일들이 계속해서 일어나고 있습니다. 그러나 이렇게 상처밖에 없는 가족사에 하나님은 따로 카이로스의 시간을 운행하며 거대한 구원의 서사시를 써 내려가셨습니다.

죄수의 신분인 히브리 노예 요셉이 이집트 왕으로부터 하나님의 영에 감동된 사람이라는 극찬을 듣는 순간부터 하나님이 써 내려간 서사가 마침내 역사의 한복판에 드러나기 시작합니다. 그리고 이집트 왕은 요셉에게 왕 다음으로 권세가 높은 총리 자리를 넘겨줍니다. 이제 역사의 전면에 나타난 하나님의 서사에서 요셉은 어떤 역할을 할지 귀추가 주목됩니다.

흉년의 때를 대비하는 것이 지혜다

요셉은 인생의 좋은 시절과 고난의 시절을 비슷한 기간 동안 겪었습니다. 17년간은 아버지의 편애와 사랑를 받고 살았지만 13년은 구덩이와 같은 험난한 세월을 보냈습니다. 요셉의 삶이 특별한 순간은 바로 이 고난의 시간에서였습니다. 이 고난의 시간에 인생의 주인이신 하나님을 붙들었습니다. 그런데 요셉은 미래를 아시고 인생을 인도하시는 하나님께서 주시는 지식과 지혜를 통하여서 미래를 준비했습니다. 이것이 요셉이 특별한 이유이고 우리가 요셉의 이야기를 주목해야 하는 이유입니다.

요셉은 바로의 꿈을 해석한 공로로 이집트 총리가 되었습니다. 이제 총리 요셉은 하나님이 해석하신 대로 앞으로 닥칠 7년의 풍년과 7년의 흉년을 대비하기 시작합니다.

요셉이 애굽 왕 바로 앞에 설 때에 삼십 세라 그가 바로 앞을 떠나 애굽 온 땅을 순찰하니 일곱 해 풍년에 토지 소출이 심히 많은지라 요셉이 애굽 땅에 있는 그 칠 년 곡물을 거두어 각 성에 저장하되 각 성읍 주위의 밭의 곡물을 그 성읍 중에 쌓아 두매 쌓아 둔 곡식이 바다 모래같이 심히 많아 세기를 그쳤으니 그 수가 한이 없음이었더라(41:46-49)

7년의 풍년과 7년의 흉년은 단순히 물질적 풍요와 모자람을 뜻하지 않습니다. 우리 인생에도 영적으로 풍년의 시기가 있는가 하면 영적으로 흉년의 시기가 있습니다.

위대한 선지자 엘리야의 인생에도 풍년과 흉년이 있었습니다. 엘리야는 이방신을 섬기는 850명의 선지자들과 홀로 대결해 하나님이 참 하나님을 증명해 보인 놀라운 기적의 주인공입니다. 그런 엘리야가 이세벨이 위협하자 한순간에 극히 작아져서 죽기를 간구했습니다. 침례 요한(세례 요한)은 그리스도의 선구자로서 수많은 사람이 몰려와 그가 베푸는 침례(세례)를 받기 원했으며, 왕의 불의를 강직하게 비판하는 용감한 사람이었으나, 죽음을 앞두고 그리스도의 존재에 대해 회의했습니다. 제자들은 생계를 포기하면서까지 예수님을 따라나섰으나 십자가 죽음 앞에서 예수님을 부인하고 떠났습니다.

자연에서 풍년과 흉년이 있는 것이 당연하듯이 인생에도 풍년과 흉년이 있는 것이 당연합니다. 풍년은 풍년대로 흉년은 흉년대로 거기에는 하나님의 계획이 있습니다.

> 여호와를 경외하는 것이 지식의 근본이거늘 미련한 자는 지혜와 훈계를 멸시하느니라 내 아들아 네 아비의 훈계를 들으며 네 어미의 법을 떠나지 말라 이는 네 머리의 아름다운 관이요 네 목의 금 사슬이니라 ^(잠 1:7-9)

평안할 때, 앞으로 닥칠 고난의 때를 대비하는 것이 지혜입니다. 이 지혜는 하나님에게서 나옵니다. 우리는 하나님의 지혜를 전달하는 어른들의 훈계를 경청해야 합니다. 또한 우리 역시 어른으로서 다음 세대에 하나님의 지혜를 전달할 책임이 있습니다. 특히 고난의 때를 대비하는 지혜를 가르쳐야 합니다. 이것은 말로만 하는 것이 아닙니다. 다음 세대를 감동시켜야 합니다. 그들 스스로 우리의 훈계에 경청하도록 감동적인 삶을 살아야 합니다.

감동을 주는 인생

감동적인 삶이란 무엇일까요? 우리는 이제 세상의 권세와 부가 감동을 주지 않는다는 것을 압니다. 성공과 번영을 자신의 업적으로 자랑하는 것은 그리스도인들에게 아무 의미가 없습니다. 성공과 번영을 하나님의 은혜로 포장하는 사람도 있습니다. 하나님은 이를 역겹게 여기십니다.

감동적인 삶은 그럼 대체 어떤 삶입니까? 나누는 삶입니다. 하나님이 주신 축복을 주변에 흘려보내는 삶, 그것이 감동적인 삶이며 진정한 축복의 삶입니다. 성공하셨습니까? 부자입니까? 당신의 성공과 부를 주변에 흘려보내라고 하나님이 주신 것입니다.

하나님은 아브라함에게 "너는 복의 근원이 될 것이다"(새번역 창 12:2) 하셨습니다. 하나님이 축복하신 아브라함으로 인해 주변이 복을 받겠다는 것입니다. 이것이 하나님이 아브라함을 택하여 부르신 이유이고 목적입니다.

요셉은 총리가 되었을 때, 그 자리가 이제까지의 모든 수고와 고생에 대한 보상이라 여기지 않았습니다. 또한 자신을 고난의 구렁텅이에 밀어 넣은 사람들에 대해 복수할 기회로 여기지 않았습니다. 자신이 가진 권세로 형들에 대해, 보디발 장군의 아내에 대해 복수할 수 있었지만 그러지 않았습니다. 대신에 하나님의 뜻을 헤아렸습니다. 왕 다음으로 높은 자리에 오르게 하신 하나님의 뜻이 무엇인지 이해하려 애썼습니다. 요셉은 고난의 시간을 보내면서 하나님의 카이로스의 시간을 기다렸고, 마침내 때가 왔을 때 그가 무엇을 해야 하는지 알았습니다.

애굽 땅에 일곱 해 풍년이 그치고 요셉의 말과 같이 일곱 해 흉년이 들기 시작하매 각국에는 기근이 있으나 애굽 온 땅에는 먹을 것이 있더니 애굽 온 땅이 굶주리매 백성이 바로에게 부르짖어 양식을 구하는지라 바로가 애굽 모든 백성에게 이르되 요셉에게 가서 그가 너희에게 이르는 대로 하라 하니라(41:53-55)

대부분의 사람들은 흉년의 때를 준비하지 않습니다. 풍년이 영원할 것으로 여깁니다. "지금 운동하지 않으면 얼마 안 있어 근육 손실로 무릎과 관절에 무리가 갑니다"라고 충언해도 지금의 건강함이 영원할 것으로 여겨 운동하지 않습니다. 오늘 내일을 대비하는 것이 지혜이지만, 그 지혜는 무시되기 일쑤입니다.

풍년의 시간이 끝나고 흉년이 들자 사람들이 고통스러워 울부짖습니다. 당연히 있을 흉년을 대비하지 않은 까닭입니다. 이때 요셉이 하나님의 말씀을 따라 저장해 둔 양식 곳간을 엽니다.

온 지면에 기근이 있으매 요셉이 모든 창고를 열고 애굽 백성에게 팔새 애굽 땅에 기근이 심하며 각국 백성도 양식을 사려고 애굽으로 들어와 요셉에게 이르렀으니 기근이 온 세상에 심함이었더라(41:56-57)

요셉은 풍년이 들었을 때 그중 5분의 1을 저장했습니다. 또한 거두어 들인 곡식을 각 성읍에 저장하게 했습니다. 대기근이 일어났을 때, 속한 지역에서 빠르고 손쉽게 곡식을 얻을 수 있도록 한 것입니다. 물론 모든 양식을 무료로 배급하지는 않습니다. 부자들에게 정당한 돈을 받고 팔아 국가 재정을 튼튼히 했습니다.

이것이 곧 하나님의 복을 주변에 흘려보내는 일입니다. 하나님께서 주신 지혜로 요셉은 흉년의 때를 준비했고, 그 열매를 혼자 독차지한 것이 아니라 온 세상에 흘려보냈습니다.

코로나 시기에 우리 교회는 구제 사역에 힘을 쏟았습니다. 내수와 수출까지 얼어붙은 상황에서 특히 소상공인과 취약 계층, 미자립 교회들이 타격을 크게 입었습니다. 우리는 그들을 위해 그동안 저장해 둔 곳간을 열어 100억 가까운 돈을 구제에 사용했습니다.

그런데 하나님은 우리 교회 역사상 지난 3년 연속으로 가장 많은 헌금으로 곳간을 쌓아 주셨습니다. 하나님의 은혜는 이처럼 도저히 설명할 수 없는 것입니다.

하나님이 주신 축복, 물질적 부요, 영적 은혜는 반드시 소외된 자들과 나누어야 합니다. 이 나눔과 베풂이 지혜이며 통찰입니다. 이 지혜와 통찰이 다음 세대를 감동시킵니다. 도저히 설명할 수 없는 하나님의 은혜를 주변에 흘려보낸 요셉의 이야기가 수천 년이 지난 지금도 회자되는 것은 우리를 감동시키기 때문입니다.

어떻게 감동을 주는 인생이 될까

요셉은 타국에서 이방 여인과 결혼을 합니다. 그러나 자녀의 이름은 히브리어로 짓습니다. 하나님이 주어가 되는 이름을 준 것입니다.

> 흉년이 들기 전에 요셉에게 두 아들이 나되 곧 온의 제사장 보디베라의 딸(우상숭배하는 제사장의 딸) 아스낫이 그에게서 낳은지라 요셉이 그의 장남의 이름을 므낫세라 하였으니 하나님이 내게 내 모든 고난과 내 아버지의 온 집 일을 잊어버리게 하셨다 함이요 차남의 이름을 에브라임이라 하였으니 하나님이 나를 내가 수고한 땅에서 번성하게 하셨다 함이었더라(41:50-52)

요셉의 장남 므낫세는 '하나님께서 내가 겪은 모든 고난과 가족의 아픈 일을 치유해 주셨다'는 뜻이고, 차남 에브라임은 '하나님께서 비록 이방 땅이지만, 내가 수고한 것들을 번창케 하셨다'는 뜻입니다. 여기서 '치유'와 '번창'은 형통과 같은 의미입니다. 요셉은 성공의 자리에서도 여전히 하나님이 주어인 인생을 살고 있습니다.

므낫세와 에브라임은 자신들의 이름이 불릴 때마다 하나님께서 아버지 요셉에게 행하신 일들을 떠올릴 것입니다. 수없이 불리게 될 그들의 이름을 통해 그들은 하나님이 주어가 되는 인생을 살 수

밖에 없을 것입니다.

요셉의 이야기는 고난과 형통의 함수 관계를 보여 주는 감동적인 이야기가 되었습니다. 인생 최악의 고난을 겪었으나, 하나님께서 최고로 가깝게 동행한 인생이었습니다. 고난을 통과하면서 하나님을 붙든 사람은 인생의 모든 영역에서 형통을 경험하게 됩니다. 그래서 고난이라고 쓰고 형통이라고 읽습니다. 우리도 고난의 길을 걸을 때, 그 고난을 다음 세대가 형통으로 읽는 삶을 살기 바랍니다. 그것이 진정한 어른으로 사는 모습입니다.

2천 년이 지났는데도 여전히 20억 명 이상의 사람들이 기억하는 분이 있습니다. 바로 예수 그리스도이십니다. 예수님이 최고의 자리에 오르는 성공을 했기 때문입니까? 막대한 부를 쌓았기 때문입니까? 아닙니다. 예수님이 곧 사랑이시기 때문입니다. 보잘것없는 나를 사랑하셔서 십자가 희생을 하셨기 때문에 우리는 지금도 예수 그리스도에게 감동하고 그를 내 인생의 주인으로 삼습니다.

우리는 과연 다음 세대에 어떤 감동을 남길 수 있을까요?

예수님을 사랑해서 예수님을 닮으려 노력한 삶의 흔적을 남기시기 바랍니다. 예수님을 사랑해서 예수님을 자랑하려 한 영혼 구원의 흔적을 남겨 주십시오. 고난 중에도 하나님과 동행하려 몸부림친 형통의 삶을 남겨 주십시오.

묵상을 위한 기도

살아 계신 하나님, 지금 우리의 계절은 풍년의 때입니까, 흉년의 때입니까? 풍년은 풍년대로 흉년은 흉년대로 거기에 하나님의 계획이 있음을 믿습니다. 풍년이라면 다가올 흉년을 대비하게 하시고 흉년이라면 하나님의 지혜로 고난을 해석하고 잘 견디므로 다음 세대에 감동을 주는 인생이 되게 하여 주옵소서.

풍년이든 흉년이든 하나님의 형통을 경험하게 하시고 그 형통을 주변에 흘려보내게 하여 주옵소서. 특히 풍년의 때가 가장 위험한 때임을 알고 교만하여 넘어지지 않도록 더욱더 귀를 열어 주님의 음성을 듣게 하여 주옵소서. 범사에 때가 있음을 알고 다만 마음을 지켜 하나님을 기쁘게 하는 우리가 되기를 소원합니다.

부족할 때 공급하시고, 피곤할 때 힘 주시며, 방황할 때 선한 목자로 길을 인도하시는 하나님을 찬양하며 예수 그리스도의 이름으로 기도드립니다. 아멘.

11장
흉년의 시간을
어떻게 준비할 것인가

창세기 41:25-36

1990년대 노스트라다무스라는 자칭 타칭 세계적 시한부 종말론자가 1999년에 지구의 종말이 올 것이라고 예언했습니다. 이후 수많은 사이비 종말론자들이 등장했습니다. 한국에서도 1990년 이장림이 다미선교회를 만들고 1992년 10월 28일 자정에 인류의 종말 전에 휴거가 일어날 것이라고 주장했습니다. 많은 사람이 전 재산을 팔아 다미선교회에 바치고 휴거를 기다렸지만 희대의 사기극으로 끝났습니다.

종말은 시간의 문제가 아니라, 깨어 있음의 문제입니다. 그 시간과 정확한 때는 주님만이 아십니다. 다만 성경은 종말의 징조에 대해 설명하고 있습니다. 때문에 중요한 것은 종말의 때를 준비하면서 오늘 최선을 다해 사는 것입니다.

하나님은 우리의 과거와 현재는 물론 미래를 아시는 분입니다. 하나님은 우리를 구원하기 위해 나와 함께하시고 나를 다스리십니다. 이것이 하나님의 섭리입니다.

아버지 야곱이 입혀 준 채색옷을 입은 이기적인 요셉은 물론 노예로, 죄수로 인생의 가장 낮은 구렁텅이에서 살던 요셉과 이집트의 총리로서 한 나라를 하나님의 지혜로 다스리는 요셉에 이르기까지 우리는 하나님께서 그와 함께하셨음을 보았습니다.

내일이 불투명한 오늘을 사는 우리에게 요셉의 이야기가 남긴 중요한 교훈은 무엇일까요? 내일을 소망으로 기다리며 사는 그리스도인에게 오늘은 어떤 의미일까요? 오늘을 충실하게 산다는 것은 무엇일까요?

장래 일을 말씀하시는 하나님의 음성을 듣는가?

어렸을 때 형들은 요셉을 '꿈꾸는 자'라고 불렀습니다. 그런데 지금 보니 요셉은 과연 '꿈꾸는 자'로 성장했습니다. 헤브론에서 요셉의 꿈은 위험한 꿈이었으나 이제 요셉의 꿈은 위대한 꿈이 되었습니다. 이것이 전능자의 능력입니다. 아무것도 아닌 우리를 하나님은 위대한 사람으로 세우십니다.

　　요셉이 바로에게 아뢰되 바로의 꿈은 하나라 하나님이 그가
　　하실 일을 바로에게 보이심이니이다 [(41:25)]

　　내가 바로에게 이르기를 하나님이 그가 하실 일을 바로에게
　　보이신다 함이 이것이라 [(41:28)]

　　요셉은 하나님께서 앞으로 이집트 땅에 일어날 일을 알려 주신
다고 전합니다.

　　일곱 좋은 암소는 일곱 해요 일곱 좋은 이삭도 일곱 해니 그
　　꿈은 하나라 그 후에 올라온 파리하고 흉한 일곱 소는 칠 년
　　이요 동풍에 말라 속이 빈 일곱 이삭도 일곱 해 흉년이니 내
　　가 바로에게 이르기를 하나님이 그가 하실 일을 바로에게 보
　　이신다 함이 이것이라 온 애굽 땅에 일곱 해 큰 풍년이 있겠
　　고 후에 일곱 해 흉년이 들므로 애굽 땅에 있던 풍년을 다 잊
　　어버리게 되고 이 땅이 그 기근으로 망하리니 후에 든 그 흉
　　년이 너무 심하므로 이전 풍년을 이 땅에서 기억하지 못하게
　　되리이다 [(41:26-31)]

7년의 대풍년과 7년의 대흉년이 일어날 것이라는 겁니다. 하나님은 우리에게 그 음성을 들려주시길 기뻐하십니다. 장래의 일을 알려 주시기 원합니다. 그런데 우리는 왜 하나님의 음성을 듣지 못합니까? 듣지 않기 때문입니다. 들어도 믿음이 없으므로 순종하지 않기 때문입니다. 즐겨 당신의 음성을 들려주기 원하시는 하나님, 그 음성을 듣기를 소망하고 순종으로 따르는 우리가 서로 소통할 때 인생은 전혀 다른 차원의 삶이 됩니다.

창세기 12장에서 하나님은 아브라함에게 열국의 아버지가 되리라는 약속을 하십니다. 그러나 언제 어떻게 그 약속이 이뤄질지는 구체적으로 설명해 주시지 않습니다. 다만 무려 25년간이나 아브라함과 동행하면서 그가 하나님의 계획을 하나하나 깨닫게 하셨습니다. 요셉도 13년간 고난의 시간을 하나님과 함께하는 형통의 시간으로 견디면서 하나님의 계획을 깨닫게 되었습니다.

바로께서 꿈을 두 번 겹쳐 꾸신 것은 하나님이 이 일을 정하셨음이라 하나님이 속히 행하시리니(41:32)

"속히 행하시리니"는 신약성경에 자주 등장합니다. '속히'란 시간의 개념이라기보다 하나님께서 하나님의 때에 약속하신 바를 반드시 성실히 이루신다는 의미입니다. 이것은 운명론이 아닙니다. 흔히 많은 사람들이 자유의지로 살았으나 돌아보면 하나님의 섭리라고 고백합니다. 하나님이 사람에게 허락하신 자유의지와 그들 삶에 개입하시는 하나님의 섭리 사이에는 어떤 괴리가 없습니다. 이것이 신비한 하나님의 능력입니다.

그리스도인은 하나님께서 나를 위한 계획을 미리 말씀하시고 그 약속을 신실히 이루신다는 사실을 믿어야 합니다. 이것에 대한 확신이 없으면 신앙생활은 괴로운 일이요 의미 없는 일입니다.

하나님이 나의 미래 일을 말씀하실 때 그 음성을 듣고 있습니까? 그 음성을 듣고 순종으로 따르고 있습니까?

풍년의 시간에 흉년의 시간을 준비하는가?

하나님은 그의 뜻만 보여 주시는 것이 아니라, 그것을 준비할 시간과 풍년의 시간도 주십니다.

이제 바로께서는 명철하고 지혜 있는 사람을 택하여 애굽 땅을 다스리게 하시고 바로께서는 또 이같이 행하사 나라 안에 감독관들을 두어 그 일곱 해 풍년에 애굽 땅의 오분의 일을 거두되 그들로 장차 올 풍년의 모든 곡물을 거두고 그 곡물을 바로의 손에 돌려 양식을 위하여 각 성읍에 쌓아 두게 하소서 이와 같이 그 곡물을 이 땅에 저장하여 애굽 땅에 임할 일곱

해 흉년에 대비하시면^(41:33-36)

우리가 해야 할 일은 하나님이 주시는 풍년의 시간을 감사히 누리는 한편, 다가올 어려운 시간을 준비하는 것입니다. 이것이 하나님으로부터 오는 지혜입니다. 풍년의 시간은 신앙적인 의미로 풀이하면 은혜의 시간이 됩니다.

어떤 인생이든 위기가 있습니다. 고난이 있습니다. 피하고 싶지만 그럴 수 없습니다. 하나님은 우리 인생에 닥칠 위기와 고난을 말씀하실 뿐만 아니라 충분히 준비할 시간도 주시고 이길 능력도 주십니다. 우리가 할 일은 때마다 주시는 음성을 순종하여 충실히 오늘을 살고 내일을 잘 준비하는 것입니다.

지금 은혜의 시간을 보내고 있습니까? 이때가 고난의 시간을 준비하는 시간입니다.

God is good, all the time!

여름성경학교 때 아이들에게 꼭 한 번씩 따라 하게 하는 것이 있습니다.

"God is good, all the time!"

하나님은 선하시다는 것입니다. 그런데 중요한 한 단어가 반드시 필요합니다. '항상' 선하시다는 것입니다. 기쁠 때나 슬플 때나 평안할 때나 고난 가운데 있을 때나 하나님은 언제나 선하십니다. 이 사실을 믿을 때 우리는 평안할 수 있습니다. 요동하지 않을 수 있습니다.

이와 같이 그 곡물을 이 땅에 저장하여 애굽 땅에 임할 일곱 해 흉년에 대비하시면 땅이 이 흉년으로 말미암아 망하지 아니하리이다(41:36)

하나님은 이방인이라도 멸망하기를 원하시지 않습니다. 소돔과 고모라를 멸하실 때도 몇 번이나 말을 바꾸면서까지 살릴 길을 찾으셨습니다. 악명 높은 니느웨조차 회개하고 돌이켜 멸망당하지 않기를 바라셨습니다. 우상의 땅이 되어 버린 가나안조차 멸절되지 않기를 바라셨습니다.

하나님은 여러 경로를 통해 경고하십니다. 선지자를 통해서든 자연 현상을 통해서든 경고해서 돌이키기를 원하십니다. 하나님의 목적은 구원에 있습니다. 심판에 있지 않습니다.

그러나 하나님의 경고를 들은 사람들은 어떻게 했습니까? 목 밑까지 온 이스라엘의 멸망을 보고 예레미야가 눈물로 호소했으나 이스라엘 백성은 그런 예레미야를 조롱했습니다. 오히려 그를 핍박했습니다. 얼마나 핍박과 멸시를 당했는지 예레미야는 하나님의 말씀을 전하고 싶지 않다고, 도망가고 싶다고 부르짖었습니다. 그러다 예레미야는 하나님의 마음을 분명히 깨닫게 됩니다.

여호와의 말씀이니라 너희를 향한 나의 생각을 내가 아나니 평안이요 재앙이 아니니라 너희에게 미래와 희망을 주는 것 이니라(렘 29:11)

그렇습니다. 하나님의 뜻은 심판이 아니라 구원입니다. 우리 삶에 개입해서 우리를 인도하시는 이유도 구원하기 위함입니다. 평안을 주시기 위함입니다. 하나님은 우리를 구원하시기 위해 예수님을 이 땅에 보내어 죄를 용서받는 길을 열어 주셨습니다. 우리를 구원하시기 위해 성령님을 보내어 하나님의 음성을 듣게 하고 하나님의 뜻을 깨닫게 하셨습니다. 그리고 예수님의 부활을 통해 영원한 생명을 약속하셨습니다.

이 하나님의 마음을 안다면, 우리가 할 일은 영원한 생명의 면류관을 쓸 때까지 주님의 음성을 청종하고 그분과 동행하는 삶을 사는 것입니다.

풍년인지 흉년인지 분별하라

지금 풍년의 때입니까, 흉년의 때입니까? 풍년인지 흉년인지 분별할 수 있습니까?

세상적으로 잘나가는 그때가 흉년일 수 있습니다. 고난 가운데 있을 때 영적으로는 풍년일 수 있습니다. 풍년의 때에 흉년을 준비하고, 흉년의 때에 풍년을 기다리며 풍년을 담을 그릇을 준비해야 합니다. 풍년과 흉년을 분별한다는 것은 바로 이런 것입니다.

그런데 개인적인 차원의 풍년과 흉년이 있고 교회 공동체나 국가와 민족 차원의 풍년과 흉년이 있습니다. 어떤 차원이든 하나님 나라 관점에서 바라보아야 합니다. 하나님 나라가 오게 하기 위한 관점에서 바라보고 풀어 가야 한다는 것입니다. 요셉의 인생이 그랬고 아브라함의 인생이 그랬고 예수님의 생애가 그랬습니다.

우리는 역사에서 미래를 읽지 못해 망한 기업과 국가, 교회 공동체를 심심치 않게 만나게 됩니다.

코닥필름은 미국 100년사에 5대 브랜드에 들어가는 기업이었습니다. "코닥에 순간을 저장하세요"라는 신조어가 생길 정도로 코닥은 세계 최고를 자랑하는 기업이었습니다. 1975년 세계 최초로 디지털카메라를 발명한 것도 코닥이었습니다. 그런데 코닥은 이때 딜레마에 빠지고 맙니다. 카메라는 싸지만 필름이 비싸서 막대한 이윤을 남기는 이때 디지털카메라가 시장을 잠식하면 기업이 위기에 빠질 것이라 생각했습니다. 그래서 코닥은 더 이상 디지털카메라 기술을 개발하지 않았습니다. 그러나 25년 후 인터넷의 확산과 더불어 디지털카메라 붐이 일었고, 곧이어 스마트폰이 등장했습니다. 결국 코닥은 2012년 파산 신청을 해야 했습니다. 절대 망할 것 같지 않던 기업이 한순간에 무너졌습니다. 현재의 풍년을 탐하느라 다가올 흉년을 간과한 까닭입니다.

유럽의 교회들도 마찬가지입니다. 풍년의 때에 흉년의 때를 준비하지 못해 유럽의 교회들이 술집과 유흥업소에 팔리게 되었습니다.

중세 유럽을 공포에 떨게 했던 칭기즈 칸과 몽골 제국을 기억하십니까? 그러나 엄청난 위세를 떨쳤던 몽골 제국은 오래 버티지 못하고 다시 유목민으로 전락했습니다. 몽골은 거대한 제국이 되었지만 교육에 투자하며 다음 세대를 키워내는 미래를 준비하지 못했기 때문입니다.

반면에 풍년의 때에 흉년을 준비함으로써 세대를 이어 승승장구하는 기업과 공동체도 있습니다. 포드자동차가 대표적인 기업입니다. 100년이 넘는 역사를 이어 오면서도 여전히 시장을 주도하며 건재한 모습을 보여 주고 있습니다.

몇 가지 분석
· 지금은 풍년의 때지만 흉년의 때를 준비하지 않는 기업과 국가들

- 풍년의 때에 안주하며 1세대에 얻은 수확물을 다 써 버리고
  다음 세대에는 남기지 않는 공동체
- 현재 풍년의 시기이고 미래의 트렌드도 정확히 읽고 있지
  만 현재에 안주하고, 지금의 풍년을 빼앗길까 봐 미래를 늦
  추는 기업과 국가들

모든 사람이 미래를 알고 싶어 합니다. 미래를 알고 싶어 하는 만큼 두려워합니다. 특히 오늘이 막막할 때 미래가 두렵습니다. 그런데 미래는 하나님만이 아십니다. 그리고 하나님은 언제나 선하신 분입니다. 미래가 두려울 때 우리가 할 수 있는 일은 단 한 가지, 하나님을 의지하는 것입니다. 그분의 음성을 듣고 순종으로 따르는 것입니다. 그분과 언제나 동행하는 것입니다. 그분이 주시는 지혜로 세상에 선한 영향을 끼치는 것입니다.

요셉은 자신의 꿈이 미래에 어떻게 펼쳐질지 전혀 알지 못한 채 13년간이나 인생의 구렁텅이에 빠져 있었습니다. 그런데 성경은 요셉의 13년을 형통한 삶이었다고 말하고 있습니다. 아버지 야곱의 편애로 채색옷을 입었을 때는 요셉의 인생이 형통하지 않았습니다. 도리어 노예와 죄수의 누더기옷을 입었을 때 요셉의 인생은 형통했습니다.

요셉은 더 이상 낮아질 곳이 없는 데까지 내려갔을 때 하나님만 신뢰했습니다. 하나님 앞에서 겸허히 서는 삶을 살기 시작했습니

다. 하나님은 그런 요셉을 '형통한 자'라고 부르셨습니다.

고난이 인생의 본질이자 축복이라는 사실을 인정하고, 고난 가운데서 기꺼이 하나님의 훈련을 받을 때 내일은 두렵지 않습니다. 그때가 풍년임을 알고 흉년의 때를 준비할 수 있습니다.

하나님의 신비한 섭리를 신뢰하고 그분이 주시는 말씀 안에서 내일을 준비하십시오. 우리의 인생은 한정되어 있으나 주님이 주신 사명을 다하면 영원 속으로 부르심을 받게 됩니다.

그런데 내일을 준비한다고 할 때, 내일은 다음 세대까지 포함하는 내일입니다.

창세기에서 하나님께서 아브라함에게 약속하신 축복은 다음 세대를 위한 축복이었습니다. 아브라함에서 이삭과 야곱까지 3대가 이어져 왔지만, 이집트로 가기 전 야곱의 가족은 70여 명에 불과했습니다. 그러나 400여 년이 흐른 뒤 출애굽할 당시 이스라엘 백성은 수백만 명으로 불어났습니다. 하나님은 요셉을 통하여 이집트 땅에서 아브라함에게 약속하신 히브리 민족의 다음 세대를 준비하신 것입니다.

오늘날 한국 사회를 저는 이렇게 진단합니다. 공교육의 편중화, 낙태로 인한 생명 경시, 이기주의로 인한 사회적 고독, 1인 가구의 확대와 가족의 붕괴, 결혼 회피와 저출산, 부의 편중화와 청년 실업 증가… 한마디로 다음 세대의 미래가 걱정되는 상황입니다. 무엇보다 우리 자녀들이 과연 신앙생활을 제대로 할 수 있을지 걱정입니다.

다가올 미래를 준비하는 것은 다음 세대를 세우는 일입니다. 우리가 누리는 은혜와 부흥과 축복을 그들에게 흘려보내는 것이 다음 세대를 세우는 일입니다. 그들이 우리를 하나님의 영에 감동된 사람으로 인정할 때 우리의 신앙이 그들의 유산이 될 것입니다. 하나님의 구속사는 이런 신앙의 유전으로 완성될 것입니다.

묵상을 위한 기도

　살아 계신 하나님, 요셉의 삶을 통해 고난이 인생의 본질이자 축복이라는 사실을 깨달았습니다. 고난이 하나님의 사람으로 새로운 옷을 입는 기회라는 것을 알았습니다. 이때가 흉년의 때를 준비하는 풍년임을 알았습니다. 그리고 우리가 할 일은 고난의 훈련을 잘 받는 것임을 알았습니다.

　기쁠 때나 슬플 때나 평안할 때나 고난 가운데 있을 때나 언제나 선하신 하나님을 믿고 이 훈련을 잘 받기를 소원합니다. 그리하여 다음 세대로부터 '하나님의 영에 감동된 사람'이라는 인정을 받기를 원합니다. 그것이 다음 세대를 세우는 일이라니, 흔들리지 않고 그 길을 가기를 소원합니다. 하나님의 뜻은 모든 사람이 구원받는 것이라니, 그 뜻을 이뤄 드리는 인생이 되기를 간절히 바랍니다.

　예수 그리스도의 이름으로 기도드립니다. 아멘.

에필로그

이 책을 읽고 계신 여러분도 마찬가지겠지만, 요셉의 이야기는 아직 끝나지 않았습니다. 요셉의 이야기는 형제들의 시기와 증오 때문에 노예로 팔려 간 버림받은 인생이 갖은 고생 끝에 이방 땅에서 국무총리가 된다는 그렇고 그런 세상의 성공 스토리가 아닙니다.

요셉은 느헤미야처럼 성공의 자리에서 눈물을 흘릴 줄 아는 사람이었습니다. 앞으로 펼쳐질 요셉 이야기의 후반전은 왜 하나님께서 요셉이 이집트로 팔려 가는 것을 허락하시고, 그를 '형통한 자'로 인도하셨는지가 마치 드라마의 한 장면처럼 펼쳐집니다(요셉의 다음 이야기도 출간될 예정입니다)·

요셉의 위대함은 그가 세상적인 성공 후에도 교만하지 않았으며, 하나님의 함께하심으로 형통함 가운데 형제들을 용서하고 화해했을 뿐 아니라 은혜까지 베풀었다는 것입니다. 요셉은 이집트의 총리라는 권세로 그를 구렁텅이에 처박은 사람들을 복수할 수 있었지만 그렇게 하지 않았습니다. 그의 생명과 인생을 위협한 구덩이에서 요셉은 오히려 하나님의 신비로 새롭게 빚어졌고, 그 지난한 세월을 거쳐 갖게 된 권력과 힘이 하나님으로부터 온 것임을 잊지 않았습니다. 그랬기에 요셉은 원수를 용서했을 뿐 아니라 하나님으로부터 받은 축복을 그들에게 베풀었습니다. 세상에서는 듣기 어려운 이야기입니다.

하나님의 섭리 가운데 있지 않은 인간의 성공은 결국 망하고 썩고 심지어 모두를 불행하게 만듭니다. 하나님의 섭리 가운데 있을 때 인간은 진정한 자유를 누리게 되고 주변에 복을 흘려보낼 수 있습니다.

하나님의 섭리에는 고난을 승리로, 상처를 사역으로, 악을 선으로 바꾸는 놀라운 신비가 담겨 있습니다.

아버지 야곱의 편애와 보호를 받는 동안 요셉은 왕자와 같은 대접을 받으며 남부러울 것 없는 인생이었으나 성숙하지 못한 성정으로 인해 형들과 화평하지 못했습니다. 그로 인해 형제들의 시기와 질투로 이집트 노예로 팔려 가게 되었고, 주인집 아내의 모함으로 옥에 갇히는 죄수 신세가 되었습니다. 채색옷을 입던 요셉이 끝없이 추락해 결국 죄수복을 입게 된 것입니다. 그런데 거기서 요셉은 비로소 하나님을 붙들었고 그 결과 어떠한 환경과 고난에 처할지라도 하나님만을 사랑하는 사람이 되었습니다. "내가 어찌 하나님께 죄를 지으리이까" 한 요셉의 고백은 형들의 잘못을 아버지께 일러바치던 미성숙한 요셉이 '하나님의 영에 감동된' 사람으로 성장했음을 보여 줍니다.

그런 요셉의 삶에 하나님의 은혜가 그분의 신비한 섭리를 통해 임했습니다. 그리고 그 하나님의 은혜는 요셉을 통해 그를 버린 형제들에게, 심지어 이방 땅 이집트 백성들에게까지 임했습니다.

요셉의 인생에서 배우는 교훈은 이렇습니다. 하나님은 우리가 어떠한 환경, 어떠한 상황, 어떠한 고난 가운데 있을지라도 우리를 선하게 인도하시는 분이라는 것입니다. 그 하나님을 신뢰하고 사랑할 때 그분의 섭리가 우리를 은혜의 사람으로 만들어 가신다는 것입니다. 요셉은 그래서 모든 사람들로부터 '형통한 자'라는 말을 듣게 되었습니다. 진정한 인생의 승리자가 된 것입니다. 하나님의 섭리 가운데 형통한 자가 되면 그 주변도 축복을 받는 것을 요셉의 이야기를 통해 알 수 있습니다.

우리도 그런 은혜의 사람이 될 수 있습니다. 형통의 사람이 될 수 있습니다. 이제는 위험한 꿈에서 위대한 꿈으로 바뀔 시간입니다. 그런 일을 능히 행하실 하나님의 신비한 섭리를 신뢰하십시오. 여러분의 자유의지가 진정한 자유를 누릴 것입니다.

인간의 자유의지로 야망 속에 살다가
하나님의 신비한 섭리를 발견하고
그분을 좇기를 원하는 부족한 그리스도의 종,

최성은 목사